ラジオ法話

佛説 阿彌陀經

土岐 慶正
Doki Keisho

永田文昌堂

仏説阿弥陀経　書き下し・聞思訳

仏説阿弥陀経

姚秦三蔵法師鳩摩羅什、詔《みことのり》を奉じて訳す

1話〜3話

もう、ずいぶん前になりますが、インドの祇園精舎を訪ね、お釈迦さまが説法された香堂《こうどう》跡《あと》に立ち、「阿弥陀経」をおつとめしました。忘れることのできない美しく清々しい精舎で、極楽浄土の光景や阿弥陀仏についての教えをいただこうと思います。

「阿弥陀経」は中国、今日の新疆《しんきょう》ウイグル自治区クチャ出身の西域《さいいき》僧クマーラジーヴァ・鳩摩羅什《くまらじゅう》（344〜413年）が、長安（今の西安）に来て、時の姚秦《ようしん》の国王の命令を受けて、いわば国家事業として漢訳したものであります。2500年前に、あたかもタイムスリップした気持になって、これから祇園精舎での「阿弥陀経」のお話をお聞きいたします。

かくのごとく、われ聞きたてまつりき。ひととき、仏、舎衛国の祇樹給孤独園にましまして、大比丘の衆、千二百五十人と倶《とも》なりき。みなこれ大阿羅漢なり。衆に知識せらる。
長老舎利弗・摩訶目犍連・摩訶迦葉・摩訶迦旃延・摩訶倶絺羅・離婆多・周利槃陀伽・難陀・阿難陀・羅睺羅・憍梵波提・賓頭盧頗羅堕・迦留陀夷・摩

訶劫賓那・薄拘羅・阿㝹楼駄、かくのごときらのもろもろの大弟子、ならびにもろもろの菩薩摩訶薩、文殊師利法王子・阿逸多菩薩（弥勒）・乾陀訶提菩薩・常精進菩薩、かくのごときらのもろもろの大菩薩、および釈提桓因等の無量の諸天・大衆と倶なりき。

4話〜9話

ちょうど、阿難尊者が立ち上がり「このように私はお聞きしました」と、少し前に聞いたお釈迦さまの説法を再現されているところでありました。以下は、21世紀を生きる私の「聞《もん》思《し》訳《やく》」であります。

お釈迦さまがコーサラ国（舎衛国《しゃえこく》）の祇園精舎におられた時のことであります。１２５０人もの優れたお弟子さんたちとご一緒で、お弟子方は皆、悟りの智慧を得た人たちだと、世の人々から尊敬されていました。

そのなかには、智慧第一とされた長老の舎利弗《しゃりほつ》や神通力に優れた目連《もくれん》、お釈迦さま亡き後の教団をまとめた摩訶迦葉《まかかしょう》をはじめ、論議や問答に長けた摩訶迦旃延《まかかせんねん》と摩訶倶絺羅《まかくちら》、また舎利弗の弟になる離婆多《りはた》、愚かさにもかかわらず悟りを開いた周利槃特《しゅりはんどく》、さらにはお釈迦さまの血縁になる難陀《なんだ》・阿難陀《あなんだ》・羅睺羅《らごら》という方々、そして憍梵波提《きょうぼんはだい》・賓頭盧頗羅墮《びんずるはらだ》・迦留陀《かるだ》夷《い》・摩訶劫賓那《まかこうひんな》・薄拘羅《はくら》・阿㝹楼駄《あぬるだ》といった高名なお弟子方がお揃いでありました。

そして、お釈迦さまの分身ともいえる文殊菩薩・弥勒菩薩・乾陀訶提菩薩《けんだかだいぼさつ》・常精進菩薩《じょうしょうじんぼさつ》などの著名な菩薩方もおられ、さらには帝釈天をはじめとする数限りない神々までもご一緒でありました。

そのとき、仏、長老舎利弗に告げたまはく、「これより西方に、十万億の仏土を過ぎて世界あり、名づけて極楽といふ。その土に仏まします、阿弥陀と号す。いま現にましまして法を説きたまふ。
舎利弗、かの土をなんがゆゑぞ名づけて極楽とする。その国の衆生、もろもろの苦あることなく、ただもろもろの楽を受く。ゆゑに極楽と名づく。

10話・11話

そのとき、お釈迦さまは長老の舎利弗に向かって、突如お話になりました。「ここから西の彼方へ十万億もの仏の国々を過ぎたところに、極楽と名づける世界がある。そこに阿弥陀と申しあげる仏がおられ、いま現に教えを説いておられる。
舎利弗よ、彼の国をなぜ極楽というのかといえば、その国の人々はどんな苦しみがあっても、それを受け止める力をもっているがゆえに、そこにはなんの苦しみもなく、ただ楽しみを享受しているところから極楽というのである。

また舎利弗、極楽国土には七重の欄楯・七重の羅網・七重の行樹あり。みなこれ四宝周帀し囲繞せり。このゆゑにかの国を名づけて極楽といふ。

また舎利弗、極楽国土には七宝の池あり。八功徳水そのなかに充満せり。池の底にはもつぱら金の沙をもつて地に布《し》けり。四辺の階道は、金・銀・瑠璃・玻瓈合成せり。

上に楼閣あり。また金・銀・瑠璃・玻瓈・硨磲・赤珠・碼碯をもつて、これを厳飾す。池のなかの蓮華は、大きさ車輪のごとし。青色には青光、黄色には黄光、赤色には赤光、白色には白光ありて、微妙香潔なり。舎利弗、極楽国土には、かくのごときの功徳荘厳を成就せり。

12話・13話

　また舎利弗よ、これから私が説く極楽世界の在りようは、すぐには分からないかもしれないから、私たちの娑婆世界と対比しながら、その意味をくみ取ってくれてもいいと思う。まず、極楽の国土には、聖なるところを囲む七重になった石垣が張りめぐらされ、鈴で飾られた宝の網が七重の並木にかかっている。木陰は人が集まる憩いの場であり、説法を聞くにふさわしいところである。法を聞くことは素晴らしいゆえに、これらはすべて金や銀、エメラルドや水晶でできていて、その美しい光景をいたるところに見ることができる。そこで彼の国を極楽と呼ぶのである。

また舎利弗よ、極楽世界には七つの宝でできた池があって、不可思議な力を持った水がなみなみと満ちていて、池の底には一面に金の砂が敷きつめられている。命を支える清浄な水があり、明るく光り輝く世界だということである。

また池の四方には金・銀・瑠璃・水晶でできた階段のついているものがある。沐浴し身を清め、階段を上がれば体を休めることのできる楼閣があって、それもまた七つの宝石で美しく飾られている。金や銀などで飾られている光り輝く極楽世界とは、私たちの煩悩の姿を照らし出し自覚させる鏡のような智慧の世界だと受け止めることもできよう。

また池の中には大きな車輪のような蓮の華があって、青い華は青い光を、黄色い華は黄色い光、赤い華は赤い光、白い華は白い光を放ち、どの華もそれぞれに美しく輝き、香りは気高く清らかである。舎利弗よ、極楽世界は私たちの汚れた娑婆世界と違って、一つひとつ、一人ひとりが輝く麗しい世界なのである。


また舎利弗、かの仏国土には、つねに天の楽をなす。黄金を地とし、昼夜六時に天の曼陀羅華を雨《あめふ》らす。その国の衆生、つねに清旦をもつて、おのおの衣裓《えこく》をもつて、もろもろの妙華を盛《い》れて、他方の十万億の仏を供養したてまつる。すなはち食時をもつて本国に還り到りて、飯食し経行す。舎利弗、極楽国土には、かくのごときの功徳荘厳を成就せり。

14話

また舎利弗よ、彼の阿弥陀仏の国には心地よい優れた音楽が流れている。大地は黄金でできていて、昼と夜に三度ずつ曼陀羅華《まんだらけ》の花が降りそそいでいる。その国の人々は清々しい朝に、それぞれの花皿に盛った美しい花を、他の国の十万億の仏がたに捧げ供養するのである。そして食事の時までに帰ってきて、食後には宝林や宝池のあたりを静かに歩き、身と心を整えるのである。舎利弗よ、極楽世界は尊いものに出会って、それに身を捧げて生きるという確かなよろこびの生活がある。

また次に舎利弗、かの国にはつねに種々奇妙なる雑色の鳥あり。白鵠・孔雀・鸚鵡・舎利・迦陵頻伽・共命の鳥なり。このもろもろの鳥、昼夜六時に和雅の音を出す。その音、五根・五力・七菩提分・八聖道分、かくのごときらの法を演暢す。その土の衆生、この音を聞きをはりて、みなことごとく仏を念じ、法を念じ、僧を念ず。舎利弗、なんぢこの鳥は実にこれ罪報の所生なりと謂ふことなかれ。ゆゑはいかん。かの仏国土には三悪趣なければなり。

15話

舎利弗、その仏国土にはなほ三悪道の名すらなし、いかにいはんや実あらんや。このもろもろの鳥は、みなこれ阿弥陀仏、法音を宣流せしめんと欲して、変化してなしたまふところなり。

また次に舎利弗よ、彼の国には純白の白鳥や勇猛な孔雀《くじゃく》や人の言葉をしゃべる鸚鵡《おうむ》や舎利（サーリー）という法を説く鳥や、迦陵頻伽《かりょうびんが》や共命鳥《ぐみょうちょう》という見たことのない鳥がいる。この鳥たちは昼夜にわたり優雅な声で鳴き、その声はそのまま悟りの智慧を完成させる修行の方法や、正しい生き方を示す八つの道などの尊い教えを説いている。その国の人々は皆、この鳴き声を聞いて、仏を念じ、教えを念じ、そこに集う人々を敬い念ずるのである。

舎利弗よ、そなたはこれらの鳥が、何かに依存しなければ生きることができない畜生の境遇にあるものだと思ってはならない。なぜなら阿弥陀仏の国には地獄・餓鬼・畜生なるものはいないからである。それどころか、三悪道という言葉すらないのである。

言葉は存在の住処《すみか》であり、存在を成り立たせる言葉さえないのだから、三悪道にあるものが実在することはありえないであろう。これらのさまざまな鳥たちはみな、心地よい鳴き声となって法を説き広めるために、阿弥陀仏が変身されて、いろいろと姿を現された大悲の所作（はたらき）に他ならないのである。

16話

舎利弗、かの仏国土には微風吹いて、もろもろの宝行樹および宝羅網を動かすに、微妙の音を出す。たとへば百千種の楽を同時に倶になすがごとし。この音を聞くもの、みな自然に仏を念じ、法を念じ、僧を念ずるの心を生ず。舎利弗、その仏国土には、かくのごときの功徳荘厳を成就せり。

舎利弗よ、最後に彼の仏の国では宝の並木や宝の網飾りが、そよ風に揺れて美しい音楽を奏でている。それは百千種類もの楽器が同時に奏でられているようであり、それを聞くものは、誰でも自然に仏を念じ法を念じ僧を念じる心を起すのである。

舎利弗よ、そよ風はあらゆる執着を吹き払うゆえに、阿弥陀仏の国は清々しい世界なのである。濁った世界に住む私たちの眼においては、極楽は金銀瑠璃の宝石でできた異様な世界に映るかもしれないが、仏の智慧の眼から見たらすべてが光り輝く世界なのである。このような仏を中心とした命輝く世界を私たちの汚れた生活のなかに実現させたい、そう願って建《こん》立《りゅう》されたのが極楽浄土なのである。

舎利弗、なんぢが意においていかん、かの仏をなんのゆゑぞ阿弥陀と号する。舎利弗、かの仏の光明無量にして、十方の国を照らすに障碍するところなし。

17話

このゆゑに号して阿弥陀とす。また舎利弗、かの仏の寿命およびその人民（の寿命）も無量無辺阿僧祇劫なり。ゆゑに阿弥陀と名づく。舎利弗、阿弥陀仏は、成仏よりこのかたいまに十劫なり。また舎利弗、かの仏に無量無辺の声聞の弟子あり、みな阿羅漢なり。これ算数《さんじゅ》のよく知るところにあらず。もろもろの菩薩衆、またまたかくのごとし。舎利弗、かの仏国土には、かくのごときの功徳荘厳を成就せり。

さて、舎利弗よ、いままで述べてきたことを、どう思ったか。極楽の彼《か》の仏をなぜ阿弥陀というのか。舎利弗よ、よく聞くがいい。彼の仏の光明は尽きることなく、十方の国々を照らし、碍げるものがない。この三つの無量・無辺・無碍なる光のゆえに、阿弥陀と名づけるのだ。また、舎利弗よ、この仏の寿命も、そこに住む者の命もはかり知れなく、その寿命を数えるとしたら、とてつもない年月がかかるがゆえに阿弥陀と名づけるのである。

舎利弗よ、このように阿弥陀仏は永遠なる仏であるが、仏となってから今日までに十劫《じっこう》という時が過ぎている。それは私たちを救うために、名となり声となってこの世に働いてくださった遥かなる始まりの時があったことを意味している。その長き時のゆえに、その仏には無量無辺のお弟子方がいて、悟りを開く者の数は知ることができないほど多く、もろもろの菩薩方も同じである。舎利弗、極楽の世界では、このような優れた徳が完成されているのである。

> また舎利弗、極楽国土には、衆生生ずるものはみなこれ阿鞞跋致なり。そのなかに多く一生補処〔の菩薩〕あり。その数はなはだ多し。これ算数のよくこれを知るところにあらず。ただ無量無辺阿僧祇劫をもつて説くべし。舎利弗、衆生聞かんもの、まさに発願してかの国に生ぜんと願ふべし。ゆゑはいかん。かくのごときの諸上善人とともに一処に会することを得ればなり。舎利弗、少善根福徳の因縁をもつてかの国に生ずることを得べからず。

18話・19話

また、舎利弗よ、念仏をいただき、やがて極楽浄土に生まれ往く身と正しく定まった者（正《しょう》定聚《じょうじゅ》）は、仏に成る道から退くことなく（不退転）、そのなかにはやがて仏になる弥勒菩薩のような（一生補処《いっしょうふしょ》）、悟りの智慧の一端に触れるものも数多くいる。その数を数えるとしたら果てしない長い時を尽くさねばならないだろう。

舎利弗よ、これらのことを聞いたものは、彼の国に生まれんと願ってほしいものだ。なぜなら、そこでは愛する人や道を修めた優れた人と再び会うことができるからである。しかし、舎利弗よ、我々の自力の限りある小さな善の行を積み上げていっても、極楽に生まれていくことはできないのだ。如来の大善根である念仏の大いなる力によって、初めて極楽に生まれることができるのである。これから、そのことを話していこう。

舎利弗、もし善男子・善女人ありて、阿弥陀仏を説くを聞きて、名号を執持すること、もしは一日、もしは二日、もしは三日、もしは四日、もしは五日、もしは六日、もしは七日、一心にして乱れざれば、その人、命終のときに臨みて、阿弥陀仏、もろもろの聖衆と現じてその前にましまさん。この人終らんとき、心顛倒せずして、すなはち阿弥陀仏の極楽国土に往生することを得。舎利弗、われこの利を見るがゆゑに、この言を説く。もし衆生ありて、この説を聞かんものは、まさに発願してかの国土に生るべし。

20話

舎利弗よ、仏を信ずる男子も女子も、阿弥陀仏の説く本願のいわれを聞き開き、心にとどめ念仏申すこと、一日でも二日でも、一週間でも、いや半日でも一遍でもいい、日にちや数の多少ではなく、私を仏さまの世界に迎えんとする阿弥陀仏の本願を、二心《ふたごころ》なく（一心に）疑うことなくいただき信ずるならば、その人が命終わらんとするとき、阿弥陀仏は極楽の様々な聖者を引き連れて、その人の前に現れてくださるであろう。

そして、最後の息を引き取るとき心乱れずに、ただちに極楽浄土に生まれることになるのである。だから、臨終のあれこれを心配して念仏の「行」をする必要はサラサラないのだ。なぜなら、阿弥陀仏は呼び声の念仏となっていつも私たちのもとに働いて来てくださっているからだ。そのことを今、しっかりと理解し受け止める「信」が大事なのである。

私はこの阿弥陀仏の大慈大悲の利益《りやく》（はたらき）をよく知っているから、こうして教えを説いているのだ。だから、人々がこの説法を聞いたならば、是非とも彼の極楽浄土に生まれて往くといった豊かな人生を歩んでほしいものである。


舎利弗、われいま阿弥陀仏の不可思議の功徳を讃歎するがごとく、東方にまた、阿閦鞞仏・須弥相仏・大須弥仏・須弥光仏・妙音仏、かくのごときらの恒河沙数の諸仏ましまして、おのおのその国において、広長の舌相を出し、あまねく三千大千世界に覆ひて、誠実の言を説きたまはく、〈なんぢら衆生、まさにこの称讃する不可思議の功徳を信ずべし。一切諸仏に護念せらるる経なり〉と。（※注）

21話

そのことをもっと具体的に話してみよう。舎利弗よ、私は今こうして西方浄土の東門にあたるところに座り、阿弥陀仏のはかることのできない優れたはたらきをほめ讃えている。

それと同じように、私と同じ東方の世界には、不動なるものと名づける阿閦鞞仏《あしゅくびぶつ》・須弥山《しゅみせん》のような威光をもった須弥相仏《しゅみそうぶつ》・大須弥仏《だいしゅみぶつ》・須弥光仏《しゅみこうぶつ》や妙音仏《みょうおんぶつ》など、ガンジス河の砂の数ほどの諸仏方がおられ、それぞれ自分の国において大きな口を開き、三千大千世界の隅々にわたって、阿弥陀仏の功徳が真実であることを説いて、こうおっしゃっている。

〈あなた達よ、我々（諸仏）がほめ讃えている阿弥陀仏の呼び声をいただき信じてほしい。

これは、すべての諸仏によろこばれ護られるという法門（経）なのである〉と。

舎利弗、南方の世界に、日月灯仏・名聞光仏・大焔肩仏・須弥灯仏・無量精進仏、かくのごときらの恒河沙数の諸仏ましまして、おのおのその国において、広長の舌相を出し、あまねく三千大千世界に覆ひて、誠実の言を説きたまはく、〈なんぢら衆生、まさにこの称讃する不可思議の功徳を信ずべし。一切諸仏に護念せらるる経なり〉と。

舎利弗、西方の世界に、無量寿仏・無量相仏・無量幢仏・大光仏・大明仏・宝相仏・浄光仏、かくのごときらの恒河沙数の諸仏ましまして、おのおのその国において、広長の舌相を出し、あまねく三千大千世界に覆ひて、誠実の言を説きたまはく、〈なんぢら衆生、まさにこの称讃する不可思議の功徳を信ずべし。一切諸仏に護念せらるる経なり〉と。

舎利弗、北方の世界に、焔肩仏・最勝音仏・難沮仏・日生仏・網明仏、かくのごときらの恒河沙数の諸仏ましまして、おのおのその国において、広長の舌相を出し、あまねく三千大千世界に覆ひて、誠実の言を説きたまはく、〈なんぢら衆生、まさにこの称讃する不可思議の功徳を信ずべし。一切諸仏に護念せらるる経なり〉と。

22話

また舎利弗よ、南方の世界には日・月・光・焔《ほのお》という闇を照らし煩悩を焼き尽くすという名のついた日月灯仏《にちがっとうぶつ》・名聞光仏《みょうもんこうぶつ》・大焔肩仏《だいえんけんぶつ》・須弥灯仏《しゅみとうぶつ》や精進に限りがないという無量精進仏など、ガンジス河の砂の数ほどの諸仏方がおられ、こうおっしゃっている。

〈あなた達よ、我々がほめ讃えている阿弥陀仏の呼び声をいただき信じてほしい。このことにうなずき念仏申すものは、すべての諸仏によろこばれ護られるということになる〉と。

舎利弗よ、西方の世界には阿弥陀仏の分身である無量寿仏を初め、はかりなき徳をもつ無量相仏・無量幢仏《むりょうどうぶつ》や大光仏・大明仏・宝相仏・浄光仏などがおられる。

また舎利弗よ、北方の世界には肩から炎を吹き出し煩悩を焼き尽くすような焔肩仏・優れた説法をする最勝音仏・何ものにも打ち負かされない難沮仏《なんそぶつ》・太陽から生まれたものと讃えられる日生仏・網のような光明に覆われた網明仏《もうみょうぶつ》などがおられ、東方・南方におられる諸仏方と同じように、阿弥陀仏の功徳を讃え念仏しておられる。

舎利弗、下方の世界に、師子仏・名聞仏・名光仏・達摩仏・法幢仏・持法仏、かくのごときらの恒河沙数の諸仏ましまして、おのおのその国において、広長の舌相を出し、あまねく三千大千世界に覆ひて、誠実の言を説きたまはく、〈なんぢら衆生、まさにこの称讃する不可思議の功徳を信ずべし。一切諸仏に護念せらるる経なり〉と。

舎利弗、上方の世界に、梵音仏・宿王仏・香上仏・香光仏・大焔肩仏・雑色宝華厳身仏・娑羅樹王仏・宝華徳仏・見一切義仏・如須弥山仏、かくのごときらの恒河沙数の諸仏ましまして、おのおのその国において、広長の舌相を出し、あまねく三千大千世界に覆ひて、誠実の言を説きたまはく、〈なんぢら衆生、まさにこの称讃する不可思議の功徳を信ずべし。一切諸仏に護念せらるる経なり〉と。

23話

舎利弗よ、さらに下方の世界には百獣の王に譬えられる師子仏や阿弥陀仏の名と法（真理）を象徴する名聞仏・名光仏・達摩仏《だつまぶつ》・法幢仏《ほうどうぶつ》・持法仏などがおられる。

舎利弗よ、最後に上方の世界には梵天の声をした梵音仏《ぼんのんぶつ》・星の王である宿王仏・かぐわしい法を説く香上仏・香光仏・煩悩を焼き尽くす大焰肩仏、また宝の華で飾られた雑色宝華厳《ざっしきほうけごん》身仏《しんぶつ》・沙羅樹や蓮華の徳に譬えられる娑羅樹王仏《しゃらじゅおうぶつ》・宝華徳仏《ほうけとくぶつ》、そしてすべてを見通す見一切《けんいっさい》義仏《ぎぶつ》と須弥山の如き偉大なる如須弥山仏などがおられる。

繰り返すが、これら六方におられるガンジス河の砂の数ほどの諸仏方は、それぞれ自分の国において大きな口を開き、三千大千世界の隅々にわたって、阿弥陀仏の功徳が真実であることを説いておられる。

そして、諸仏方はこうおっしゃっている。〈あなた達よ、我々がほめ讃えている阿弥陀仏の呼び声をいただき信じてほしい。これは、すべての諸仏によろこばれ護られるという法門なのである〉と。

舎利弗、なんぢが意においていかん。なんのゆゑぞ名づけて一切諸仏に護念せらるる経とするや。舎利弗、もし善男子・善女人ありて、この諸仏の所説の名および経の名を聞かんもの、このもろもろの善男子・善女人、みな一切

24話

諸仏のためにともに護念せられて、みな阿耨多羅三藐三菩提を退転せざることを得ん。このゆゑに舎利弗、なんぢらみなまさにわが語および諸仏の所説を信受すべし。

舎利弗よ、どう思ったか。この教えを、「一切諸仏所護念経」（一切の諸仏に護られている法門）だという意味が分かるか。舎利弗よ、もし善き人たちが、諸仏方がほめておられる阿弥陀仏の呼び声と、それを記すこの法門（経）の名を聞くならば、これらの人は皆、すべての諸仏方に護られることになり、この上ない悟り（阿耨多羅三藐三菩提《あのくたらさんみゃくさんぼだい》）を得る道から退くことはないのである。だから、舎利弗よ、あなた達は私の説く教えと諸仏方が説かれるところを信じ受け入れてほしい。

25話

舎利弗、もし人ありて、すでに発願し、いま発願し、まさに発願して、阿弥陀仏国に生ぜんと欲はんものは、このもろもろの人等、みな阿耨多羅三藐三菩提を退転せざることを得て、かの国土において、もしはすでに生れ、もしはいま生れ、もしはまさに生れん。このゆゑに舎利弗、もろもろの善男子・善女人、もし信あらんものは、まさに発願してかの国土に生るべし。

舎利弗よ、このことが理解でき、阿弥陀仏の極楽浄土に生まれたいと過去に思った人は、すでに生まれているし、いま現に生まれたいと願った人はまさに生まれんとしているし、あるいはこれから願うものもすべて浄土に生まれて往くことになるであろう。だから、信あるものは是非、仏になる道を歩み、如来大悲の働きのなかに生きるものになってほしい。

舎利弗、われいま諸仏の不可思議の功徳を称讃するがごとく、かの諸仏等もまた、わが不可思議の功徳を称説して、この言をなさく、〈釈迦牟尼仏、よく甚難希有の事をなして、よく娑婆国土の五濁悪世、劫濁・見濁・煩悩濁・衆生濁・命濁のなかにおいて、阿耨多羅三藐三菩提を得て、もろもろの衆生のために、この一切世間難信の法を説きたまふ〉と。
舎利弗、まさに知るべし、われ五濁悪世においてこの難事を行じて、阿耨多羅三藐三菩提を得て、一切世間のために、この難信の法を説く。これを甚難とす」と。

26話

舎利弗よ、これは私の個人的な思いではなく、私がいま諸仏の不可思議の功徳を称讃しているように、かの諸仏方もまた、私が不可思議の功徳を讃えていることに対し、次のように言ってくださっている。〈釈迦牟尼仏《しゃかむにぶつ》よ、誰も得ることができない悟りの智慧をもって、五濁に汚れた人々のために、信ずることの難しい念仏の教えを、よくぞ説いてくれたものだ〉と。舎利弗よ、よく知るがいい。五濁悪世という自力の思いが激しい世において、阿弥陀仏の力を信じることはとても難しいことだ。しかし、私は悟りの智慧を得て、すべての人々の幸せのために、あえて信ずることの難しい念仏の教えを説いたのである。こんな難しいことはなかった。どうか、この深い教えをしっかりと受け止めてほしい。」

仏、この経を説きたまふこと已《おわ》りて、舎利弗およびもろもろの比丘、一切世間の天・人・阿修羅等、仏の所説を聞きて、歓喜し、信受して、礼をなして去りにき。仏説阿弥陀経

27話

お釈迦さまがそう説き終わると、祇園精舎にいた舎利弗を初め、多くのお弟子方や六道の境遇にあるものも、特に自力で空しい戦いを続ける阿修羅でさえも、出会うことができないはずの尊い教えに、いま会うことができた喜びに包まれたのです。
浄土に向けて日々新たに生まれて往く道を聞いたすべての人々は、喜びに満ち溢れ、心より信じいただき礼拝して、祇園精舎のその会座《えざ》を去ったのであります。以上、お釈迦さまが

説かれた極楽世界と阿弥陀仏についての教えをお話いたしました。

原文の書き下しは本願寺出版部発行「浄土真宗聖典（注釈版）（原典版）」によります。

※注（21話） 六方段の（注釈版）の書き下しは、「なんぢら衆生、まさにこの不可思議の功徳を称讃したまふ一切諸仏に護念せらるる経を信ずべし」とあり、お釈迦さまの言葉のように受け取れます。これが諸仏の言葉なら、「汝等衆生、当にこの不可思議の功徳を称讃する一切諸仏に護念せらるる経を信ずべし」（東本願寺出版部発行「真宗聖典」）と読んだほうがいいように思います。ちなみに（原典版）は「ナンチラ衆生　マサニコノ称讃スル不可思議ノ功徳ヲ信スヘシ　一切諸仏ニ護念セラルル経ナリ」と二重になっている意味が分けてあります。これが一番わかりやすい書き下しだと思い、本願寺出版部の（原典版）を依用しました。

目次

仏説阿弥陀経

第1話

サヘート・マヘートから

おはようございます。これからしばらくインドの舎衛国《しゃえこく》・祇園精舎（サヘート・マヘート）から、お釈迦さまが説かれた「阿弥陀経」のお話をいたします。

インドの仏跡に行って、とりわけ印象に残っているのは祇園精舎です。どの仏跡にも、お釈迦さまがおられた当時の建物は何もありませんが、しかしそれでも、祇園精舎には精舎（寺）としての雰囲気が十分にあります。何しろ実際にお釈迦さまがおられたところなのですから。

以下は33年前（１９８９年）に、訪ねた直後の祇園精舎の印象です。地元の新聞に寄稿した記事の要約から始めることにします。

祇園精舎でブッダを見た

「祇園精舎はデリーの東約５００キロ、北のネパール国境へは50キロの所、地図を見ると日本の鹿児島・沖縄の県境、与論島のあたりに位置します。友人たちと、インドを訪れたのは1月、お釈迦さまのおられた冬の北インドは寒暖の差が激しく、１日の内に日本の四季のすべてがあります。日の出前にホテルを出発したときは、セーターの上にコートが必要ですが、昼過ぎには日差しが強く、半そでシャツが快適になります。寝そべれば肌が痛いほどの日差しでも、木陰には爽やかな風が流れています。寒さをしのぐものが家なら、暑さをしのぐものは樹木です。この木々が点在し、人々の心を和らげる空間を、精舎（ビハーラ）といっていいのだと思います。

昔、スダッタという名の長者がいました。彼は貧しい孤独な人に食べ物などを給付したことで、給孤独《きっこどく》という名でも呼ばれていました。旅先でお釈迦さまの話を聞き感動し、自分の国にも精舎を寄進したいと思いました。

目に留まった土地は、国の太子・ジェーダ（祇陀《ぎだ》）の所有する庭園でした。頼んでも譲らない祇陀太子に、給孤独は自分のお金を投げ出し地面に敷き詰めて、その部分に精舎をつくりたいという熱意を示したのです。それに感動した太子は、残りの土地と建物を建てる木材を寄進し、ここに祇陀太子の樹木と給孤独の献上した園という「祇樹給孤独園《ぎじゅきっこどくおん》」、略して「祇園精舎」ができたのです。

お釈迦さまはここがたいそうお気に入りのようで、教化45年のうち25年をこの地で説法されました。私たち一行はお釈迦さまの説法された香堂跡《こうどうあと》で、「阿弥陀経」をおつとめしました。読み終わるや、近づいて来る一人の男性がありました。奈良の高松塚古墳を発見された網干善教氏でした。網干教授は祇園精舎で発掘の仕事をしておられたのです。毎朝仕事を始める前に「阿弥陀経」をおつとめするといわれました。

そよ風が吹き「微風吹動《みふうすいどう》」、原色の鳥は歌い「出和雅音《すいわげおん》」、花は咲きこぼれ「雨曼陀羅華《うまんだらけ》」、まさに祇園精舎はお経の文句にある描写そのものです。しかし、「この聖地を発掘し整備することを、日本の仏教界も学会も損得のビジネスのように考えている。土を頭の上に乗せ重労働をしているのは、ヒンドゥー教とイスラム教の人である。仏教徒として恥ずかしいことだ」と訴えられました。

5世紀初め、インドに旅した中国僧・法顕《ほっけん》は、「精舎内の池の流水は清浄で、樹木はよく茂り、多くの花々は咲きみだれ、うつぜんとして美しい」と「法顕伝」（長沢和俊訳）に書いています。案内してくださった発掘現場の地下3メートルほどのところに沐浴の場所があり、あふれるばかりの水をポンプが汲みだしていました。

僧たちは沐浴をすませ、階段を上がり、身を整えて説法を耳にしたに違いありません。すがすがしい精舎に、今しもブッダ・お釈迦さまが現れる思いがしたのは、私だけではありませんでした。」

（「北日本新聞」1989・4・2）

美しさの果てに

以上が、かつて訪ねた祇園精舎の印象です。「阿弥陀経」には極楽浄土の描写がいろいろと語られていますが、それはこの祇園精舎の光景が基になっているように思います。インドは今もそうでしょうが、町は生きるエネルギーが渦巻く雑踏のような所ですし、田舎は何百年も変わらないような生活臭漂う環境が目につきます。

それに対し、祇園精舎はもともと国の太子、祇陀の所有する庭園でありましたし、また法顕が書いたように、清らかで、すがすがしく美しく、当時の人々にとっては、この世のものとは思われない空間だったのではないでしょうか。

極楽浄土は親鸞聖人の教えでは「無量光明土《むりょうこうみょうど》」といって、さとりの智慧の光の世界で、具象化できない世界ですが、あえて形で表現するなら、お寺の内陣や仏壇の飾りのように、金箔を使うことでイメージされることが多くなります。

それと同じように、「阿弥陀経」の金銀瑠璃《こんごんるり》などで表現される極楽は、祇園精舎の美しさをもとにして、その果てにイメージされた世界ではないかと思われます。極楽浄土について語られるかたちのその向こうに、かたちなき心を感じ取ることができればと思っています。

さて、「仏説阿弥陀経」です。仏とはブッダ・お釈迦さまのこと。さとりの智慧を得て目覚めたるもの「覚者《かくしゃ》」(仏さま)と、人々から呼ばれたお釈迦さまが、アミダのことを説かれたお経。阿弥陀仏と極楽浄土の光景と、そこに生まれて往く道をお説きになったお経です。さて、何が説かれているのでしょうか。これからしばらく皆様と、祇園精舎の会座《えざ》を共にしたいと思います。

(2022・2放送)

第2話

無問自説の経

お釈迦さまが説かれた「阿弥陀経」の話、2回目です。

お経の初めに「姚秦《ようしん》の三蔵法師、鳩摩羅什《くまらじゅう》（344〜413年）、詔《みことのり》を奉《うけたまわ》りて訳す」とあります。鳩摩羅什は亀茲国《きじこく》、今日の新疆《しんきょう》ウイグル自治区クチャ出身の西域僧で、クマーラジーヴァといいました。長安（今の西安）に来て、当時の姚秦の国王の命令を受けて漢訳したのです。いわば国家事業として漢訳されたのが、この「阿弥陀経」でした。

お経はふつう、お釈迦さまに誰かが質問をしたり、悩みを打ち明けたりしたことに対して、お釈迦さまが語られたことを、いつもそばにいた阿難というお弟子さんがしっかりと聞いていて、後ほどお弟子さんたちの前で復唱し、それを確かめながら一つ一つ文字にまとめていったものです。

私たちが拠り所とする浄土三部経、まず「無量寿経」では、阿難が「お釈迦さま、今日はどうしてそんなに光り輝いておられるのですか」という問いかけに対して、阿弥陀仏の本願念仏のいわれについて語られたお経でした。また、「観無量寿経」というお経は、国の王が太子である息子によって死に至らしめられるという事態が起こり、絶望のなかにいる母・韋提希というお妃に向かって説かれたお経でした。

ところが、「阿弥陀経」は誰も何もお釈迦さまに問いかけていないのに、お釈迦さまの方が舎利弗という弟子に向かって、しかも「舎利弗よ、舎利弗よ」と36回にわたって名前を呼んで、阿弥陀仏とその世界について語られた「無問自説《むもんじせつ》」のお経なのです。ですから、お釈迦さまが最もお説きになりたかった、いわば遺言のような「遺教経《ゆいきょうきょう》」だとされています。

法事のかたちをどうするか

私は住職になって35年になりますが、ご門徒宅の法事の〝おつとめ〟をどういう形にしようかと、若い時から悩み、試行錯誤を繰り返してきました。漢文で書かれた経文をそのまま、たとえスラスラと読んだとしても、何も伝わらないのではないか。お経の現代語訳した文章を途中にはさみながら読んでみてはどうか。いっそうのこと、おつとめの後に法話をするプリントを読経中に読んでもらっていてはどうだろうか、などなど。

そんなとき、たまたまドイツ人の女性が、2週間のホームステイに私の寺にやってきました。彼女は帰国後、カソリックの教会に務めることになったのですが、こんな話をしたことがありました。キリスト教のミサ曲の歌詞の意味が、一つ一つ理解されているわけではありません。モーツァルトにしろフォーレにしろ、レクイエムの歌詞はラテン語です。ミサ曲の内容は決まっていますから、大まかな流れは理解されても、歌われているラテン語の歌詞がそのまま聞き取られていることはまずありません。

これを聞いたとき、私は法事には「阿弥陀経」の本を持参し、皆さんとともにゆっくりでいいから一緒に声を出しておつとめをする、これに尽きると思いました。漢字ばかりで何が書いてあるか、分からなくてもいいのです。まず、声を出して一緒に参加するという行為が大事なのです。

そして、お経の前後にミサ曲などを参考にして、声明《しょうみょう》の朗誦《ろうしょう》と途中に親鸞聖人の歌である「和讃」を入れてみることにしました。これはおおむね若い世代の人たちの共感を得ることができ、そのあとに「阿弥陀経」について、祇園精舎のいわれや「無問自説」のことなどを簡単に話し、法話に続けていくことにしました。

亡き人との交流から

レクイエムとは「死者のためのミサ曲」でした。死者の救済を神へ祈るという儀式です。経典の読誦も同じように、亡くなられた人への供養のために読むものだと考えている人は多いと思います。しかし、お経とはそもそもそんなものではありませんでした。お経とはお釈迦さまが、亡くなられた人に向かって説かれたものではなく、生きている阿難や舎利弗というお弟子や、深い悲しみのなかにいる韋提希に向かって説かれたものでした。

お経が生きている人に向かって説かれたものであるということは、お経を読むということは、お釈迦さまの説法を再現するということであり、その法要に参加している人に聞いてもらい、また読んでいる者自身もお釈迦さまの教えをいただくということに他なりません。

年忌法要は亡くなられた人を中心にする仏事ですが、亡き人に何かをするというより、亡き人と生きているものとの交流の時間であり、死者と生者が命を通い合わす空間です。服装を改めて、日常的な生活とは違う非日常的な聖なる時間のなかに身を置き、世俗を離れた言葉に触れ、亡き人の言葉や仏さまの世界に触れるということが中心です。

仏さまの世界とはどんな世界でしょうか。「仏の姿を見るということは、仏の心を見ることである。仏の心とは大慈悲である」(『観経』)という言葉があります。慈悲とは人の喜びを我がことのように喜び、人の悲しみを我がことのように悲しむ。人の喜び悲しみを共にするということです。まさに命を通い合わす世界に身を置くということです。

仏前に座り、お経の本を手にすると、自分を中心とする眼から仏さまを中心とする眼が開かれてきます。亡き人の法事を務めることによって、務めている私自身がお釈迦さまの教えに出会っていく。それが法事を務めることの一番大切な意味といえるでしょう。

同じように「死者のためのミサ曲」というレクイエムも、死者の平安を祈りながらも、残されたものが神の愛と出会うということが根本なのではないかと思います。

(2022・3放送)

第3話

「極楽」究極の楽とは

「阿弥陀経」には極楽浄土の様子が様々に語られています。でも、「阿弥陀経」には「極楽」という言葉が10回にわたって出てきますが、「浄土」という言葉は一つもありません。極楽といえば「楽」が強調されるイメージとなり、英訳では land of bliss「この上ない喜びの国」と訳されることが多いです。

それに対し「浄土」は「浄」清らかさ、pure land「清浄な真実の世界」ということで、煩悩を離れたさとりの世界というイメージになります。pure land「清浄な真実の世界」こそが、land of bliss「この上ない喜びの国」ということになるのでしょうが、「極楽」という言葉だけが先行すると、何かパラダイスのようなイメージがつきまといます。

もう55年も前の曲ですが、フォーク・クルセダーズの歌に、「♪天国よいとこ一度はおいで　酒はうまいし　ねえちゃんはきれいだ」というのがありました。これは全くpureな浄土ではありません。毎日、酒を飲み続けたオラは、天国のこわい神様から「ほなら出てゆけ」と畑のど真ん中に追い出されることになるという歌でした。

蓮如上人は、「極楽はたのしむと聞きて、まゐらんと願ひのぞむ人は仏に成らず」といわれました。

（『御一代記聞書』）極楽には蓮如さんの500年以上前の時代から、楽しい所という間違ったイメージがつきまとっていたようです。

そもそも、極楽という字は究極、極限の楽しみと読めます。極限の楽しみとはどんなことになるのでしょうか。いろんな楽しみが思い浮かぶかもしれませんが、楽しみの究極とは、どんな苦しみがあってもそれが気にならない、苦にならないということになるのではないでしょうか。

身や心を刺激し楽しませる相対的な楽ではない。むしろどんな苦しみがやって来てもそれを苦と思わない。苦しみを積極的に受け止めることができる世界。さらには苦しむものを助けることが苦痛ではなく喜びでさえあるという世界。極楽の楽とは人間的な楽ではなく、究極の仏の大悲の働きそのものを言う世界といえばいいと思います。仏に成るとは、その大悲する如来の世界（究極の楽の世界）に生まれていく者になるということです。

未来を信じて諦めない

宮沢賢治の詩に「雨ニモマケズ」がありました。誰もが知る詩ですが、生前に発表したものではなく、亡くなった翌年に、遺品のノートの中に残されていたものです。心の中に秘めていた信念の詩といえるでしょう。

「雨にも負けず　風にも負けず…欲は無く　決して瞋からず　何時も静かに笑っている…東に病

気の子供あれば　行って看病してやり　南に死にそうな人あれば　行って怖がらなくても良いと言い
…日照りのときは涙を流し　寒さの夏はオロオロ歩き　皆にデクノボーと呼ばれ　誉められもせず
苦にもされず　そういう者に　私はなりたい」（部分）

「私はなりたい」という言葉には、そうなれない自分が自覚されているように思います。あまり知られていませんが、「雨ニモマケズ」の詩の結びは、「南無無辺行菩薩　南無上行菩薩」などと、「法華経」に由来する仏・菩薩に帰依する言葉で終わっています。雨にも風にも負けずに、人々のために身を捧げるものを仏教では菩薩と言いました。

このような菩薩のようになりたいという宮沢賢治の願いに対して、「そういう者に、私はなりたくない」という考えは、今の時代それはそれでありかもしれません。菩薩のようなことなど、人間にはできないからです。ただそこで、菩薩のような生き方までもつまらないものと思うか否かです。

こういう人はすばらしいけど、なれないという、理想と現実のギャップを感ずることまで、つまらないのかということです。このギャップからくる葛藤をもつことが、人間にとって大事なことではないかと思います。

今は力及ばず現実に負けるのです。しかし、理想を仰いでゆく、菩薩のような理想を実現する浄土が私の命の果てにある。極楽浄土で、人間の理想を実現するという、未来を信じて諦めないという課題をもった生き方が浄土真宗的な生き方ではないだろうかと思います。

快楽極まる天上界

さて、極楽が究極の楽しみの世界であるということは、どんな苦しみがあっても、それが苦にならないという世界でした。それに対し、夢や希望や楽しみがすべて満たされ実現されているパラダイスのような世界、それを仏教では極楽ではなく、天国「天上界」といいました。

源信僧都の「往生要集」には地獄極楽の世界が詳しく書かれていますが、天上界はまさにフォークルの歌のように美酒と美女に囲まれる「快楽極まりなし」の世界なのに、地獄の16倍の苦しみがある世界だと記されています。どういうことかというと、天上界とは私たちが手に入れたい夢や希望が完全に実現されてしまって、夢を見ることも希望を描くこともできず、ただ落ちていくだけの、楽しみも喜びもなくなってしまった世界なのです。

私たちの人間界は夢や希望が十分に満たされていないから、もっと楽しいこと快適なことがあるはずだと、頑張ることも一喜一憂することもできるのですが、天上界には夢がない、生きている感覚そのものがないのです。何の張り合いもなく、ゆっくりと老いていくだけの世界なのです。六道の迷いの最たる世界として天上界を位置付けた仏教の深い智慧を感じます。

極楽はこの天上界を突破した世界であること。究極の楽の世界である極楽とは、苦しむものに喜んで関わるものになれる世界、大いなる課題をいただいていく世界であることを押さえておきましょう。

（2022・4放送）

第4話

お経の体裁・六事成就

さて、本文に入ります。「如是我聞、一時仏在、舎衛国祇樹給孤独園、与大比丘衆千二百五十人倶」と始まります。「かくのごとく、われ聞きたてまつりき。ひととき、仏、舎衛国の祇樹給孤独園にましまして、大比丘の衆、千二百五十人と倶《とも》なりき」と読みます。

お経の決まり文句ですが、「如是我聞」（かくの如く、我聞く）という言葉から始まります。我とは誰かというと通常、お釈迦さまの傍にいて、最後までお世話をした阿難というお弟子さんを指します。私はこのようにお釈迦さまのお話を聞きましたと、お釈迦さま亡き後に大勢のお弟子さんたちの前で、記憶していた説法を声に出して再現したのです。それを聞いていたお弟子さんたちが、一つ一つ確認しながら文字にまとめていったのが「お経」でした。

「如是我聞」は普通「かくの如く、我聞く」と読みますが、本願寺本では「かくのごとく、われ聞きたてまつりき」と読みます。どうでもいいように思いますが、そうではありません。これから、お釈迦さまが説かれた真実なる教えを「敬い信じて間違いなく」、皆さまにお伝え致しますというニュアンスが込められている読み方です。

親鸞さまは、「如是の義はすなはちよく信ずる相なり」（「教行信証」）といわれました。信じいただくことがなければ、お経にはなりません。このお経の始まりの「如是」を信が成就したこと、①「信成就」といいます。

そして次の「我聞」（われ聞きたてまつりき）を聞くことの成就②「聞《もん》成就」といい、ひとときの「一時」を時の成就③「時成就」、そして語る「仏」お釈迦さまを④「主成就」といいます。さらに説法された場所「舎衛国の祇樹給孤独園」祇園精舎でしたが、場所の成就⑤「処成就」、聞く相手がいなければ独り言になりますから「大比丘の衆、千二百五十人と倶なりき」を聴衆の⑥「衆成就」と続きます。

この六つの成就、「信・聞・時・主・処・衆」がそろって、お経の体裁が成り立ちます。これを「六事成就」といいます。つまり、「昔々あるところに、おじいさんとおばあさんがいて」と話が始まるように、③ある時、④お釈迦さまが⑤祇園精舎で⑥１２５０人の人々を相手に説かれたことを②間違いなく聞き①信じいただいていることをお話いたしますと、この六つの事がそろって、お経の体裁が整うのです。

謙虚でしたたかな問いをもつ

ですから、お経は信じいただくことが最初に求められています。ところが２５００年ほども前に語られた内容を理解することは難しいですし、それ以上に難しいのは、私たちが日常生活で経験し判断していることと違ったことが説かれてあることです。「歎異抄」の悪人正機の教えにしろ、あるいは蓮如上人の「当宗（私たちの宗派）を、昔より人こぞりてをかしくきたなき宗と申すなり。これまことに道理のさすところなり」（「御文章」）という言葉のように、仏教の考えは世間の常識とはしばしば違うのです。

これは中国の曇鸞《どんらん》大師の言葉ですが、「蟪蛄《けいこ》春秋を識らず、伊虫《いちゅう》あに朱陽《しゅよう》の節を知らんや」といわれます。蟪蛄とはセミのこと、セミは春秋を知らない。この虫はどうして朱陽の節（夏）を知っていようやといわれます。

セミは夏に地中から生まれてきますから、夏を一番よく知るものであるはずです。けれど、今が夏であることを知るためには、春と秋を知っていなければならない。春秋を知らないものが、どうして夏を知っていようやというのです。

これが私たちの在りようなのです。何もかも分かっているはずの自分自身というものが、あまりあてにならない小さなものなのです。お釈迦さまの説かれる大きな世界を、私の小さな頭でとらえてはいけないということです。お経はずいぶん昔の、ずいぶん遠い国で語られたものですが、1000年前も2000年前の人も、人間の小さな頭の仕組みは同じでしょう。

ですから、すぐに理解できない表現が出てきても、そこに何が語られているかを読み取る、謙虚でありながらも、したたかな問いをもつことが大事かもしれません。

一人ひとりが第一

さて、お経は次に「みなこれ大阿羅漢なり。衆に知識せらる」と続きます。祇園精舎に集まった1250人の一人ひとり各々が、大阿羅漢（悟りの智慧を得て煩悩を断じた羅漢《らかん》）さんだったと、衆に知識せらる（民衆から認められ尊敬されていた）と続きます。

お釈迦さまの周りには、悟りの智慧を得たえらい人たちが集まっていたという上から目線の表現ではなく、集まっている人はみな悟りを開いている立派な人のようだと、人々が尊敬し称讃していたという表現です。

お釈迦さまの教えを身に受けて、それを一人ひとり実践している後姿を見て、人々は羅漢さんの集まりだと言ったのでしょう。教えというものは、前に立って人に教えようと教えようとしても伝わるものではなく、その人の後姿からしか伝わらないものだといえるでしょう。

悟りの智慧というものは一様ではありません。その人その人の能力などによってまちまちです。悟りの智慧は一人一人に開花します。「みんな違ってみんないい」という金子みすゞの詩がありましたが、集まっているお弟子はそれぞれ違った「第一」という優れた力をもっていました。

さて、どんな人が集まっていたのか。「長老舎利弗《しゃりほつ》・摩訶目犍連《まかもくけんれん》〜」とお弟子さんの名が出てきます。次回にそれを続けます。

（2022・5放送）

第5話

十六羅漢・舎利弗

祇園精舎に集まった16人のお弟子さんたちのところからです。順にみていきます。まず、舎利弗と目連です。この二人は二大弟子ともいわれ、特別重要なお弟子さんです。智慧第一といわれた①長老舎利弗、長老とは智慧優れた師匠という意味です。次の②摩訶目犍連、摩訶は〝マハー〟（偉大な）という意味のインドの言葉で、大目犍連ともいわれます。神通第一とされる目連のことです。二人は近くの村に生まれた幼なじみでした。

二人が出家した動機は、村の祭りの賑わいを見てだといわれています。心が高揚した祭りが終われば、どこか淋しいものが残ったりしますが、舎利弗と目連は盛り上がっている祭りのただなかに、人間の浮かれている空しさを感じたのです。そして、出家して道を求めるのですが、いきなり仏弟子になったのではありません。

舎利弗はサンジャヤという当時有名な懐疑論者の門に入るのです。でも、満足するものはありませんでした。そんなとき、たまたまアッサジ（尊者正願《しょうがん》）という気高い人に出会うのです。その人はお釈迦さまのお弟子であり、二人は迷うことなくお釈迦さまのもとに行くのです。

舎利弗は「智慧第一」と言われますが、すぐに阿羅漢の悟りの境地に達したのではないといわれます。おそらく懐疑論者ゆえにいろいろな疑問を持ち、納得がいくまで徹底的に問うたのでしょう。早く答えを出すことより、深い問いを持つことが深い智慧となったのでしょう。お釈迦さまからの信任も厚く、時には代わって説法を委ねられる一番のお弟子でした。

日常の生活においても緻密な頭をもった人で、祇園精舎をつくる設計の仕事をしたり、教団の人々をまとめる力を発揮しました。お釈迦さまより先に亡くなられることになったのですが、お釈迦さまはそれにとてもショックを覚え、一切は無常であることを諄々に説かれたとされています。

目連・盂蘭盆経

次の目連は舎利弗と並んで教団を支えた人で、「神通第一」といわれています。煩悩を断った曇りのない眼で、物事の本質を鋭く見抜く力をもっていたということでしょう。目連に関してはお盆に関する話が有名です。「仏説盂蘭盆経《うらぼんぎょう》」というお経に説かれているお盆のいわれはこうです。

目連は修行で得た神通力によって、今は亡き母親のことを思いました。すると、こともあろうに母は餓鬼として生まれ変わっていることを知ります。愛情を込めて育ててくれた母でしたが、どうして餓鬼道に趣くことになってしまったのか。それは、わが子を溺愛し、わが子・目連のことしか眼中にない、いわば元祖モンスター・ペアレントだったのです。

目連はお釈迦さまに餓鬼道から母を救うための手立てを尋ねます。お釈迦さまは7月15日の修行僧たちが自らの罪を反省する〝自恣《じし》〟という日に、あらゆる食べ物や果物を盆器（平らな器）の上にお供えし、彼らに供養をしなさいと教えました。

つまり、私のお腹を痛め、私の乳を含ませ下《しも》の世話もした、私の愛情の塊（コピー）が我が子であるという〝私の我が子〟という執着した思いが、餓鬼道へと趣かせることになったのです。お釈迦さまはお盆の上に半端でないお供えを差し出すことによって、〝我が〟という閉ざされたケチな狭い心を捨てるところに餓鬼道からの救いがあり、人間としての喜びもあると教えられました。これがお盆「歓喜会《かんぎえ》」の始まりになりました。

目連はまた、異教徒の襲撃によって命を落としたといわれています。それほどまでに教化伝道に励んだ人なのでしょう。目連の神通力で危機を避けることができなかったのかと思われますが、わが身の定めをしっかりと受け止めていたのだといわれます。舎利弗は静かな死、目連は激しい死、仲の良い二人の異なった死は、お釈迦さまの教団は必ずしも平穏なものではなく、揺れ動くものがあったのかもしれません。

摩訶迦葉・結集

3人目は③摩訶迦葉《まかかしょう》です。略して迦葉と呼びますが、この人も重要な人で、この人から禅宗が始まるとされます。「拈華微笑《ねんげみしょう》」という面白い故事があります。

ある時、お釈迦さまが花の枝をもって、ちょっとひねって見せられたのです。みんなポカンとしていたのですが、この迦葉だけがニコッとうなずいたのです。「以心伝心」、ほんとに大事なことは言葉によっては伝えられない。心をもって心に伝えるというのが禅宗の基本です。

迦葉は「頭陀《ずだ》第一」といわれました。頭陀袋といって、禅宗のお坊さんが托鉢のときなどに使う首から掛ける袋ですが、頭陀とはインドの言葉で〝振り払う〟という意味で、頭陀行とは欲望の象徴になる衣食住に対する執着を振り払い、与えられるまま、いただくままに、あえて最低の清貧の生活に徹するという修行で、その行に徹した人でした。

また、お釈迦さまが亡くなられ荼毘《だび》に付されるとき、何度も火をつけても燃えなかったといわれ、旅に出ていた迦葉が急ぎ駆けつけて、初めて火が付いたとされています。それは、お釈迦さまが迦葉を後継者にしたということを語っています。

案の定、お釈迦さま亡き後、教団の考えが揺れ動くのです。迦葉はすぐに主だったお弟子を集め、「結集《けつじゅう》」といわれるお釈迦さまの説法の一言一言を確認し、文字にまとめていく経典の編纂事業を行なったのです。こうしてお経（原始仏典）ができてくるのです。舎利弗、目連の亡き後、教団の中心となった人が、摩訶迦葉だったのです。

（2022・6放送）

第6話

摩訶迦旃延・アバンティ

祇園精舎に集まっている代表的な16人のお弟子さん。きょうは「摩訶迦旃延《かせんねん》・摩訶倶絺羅《くちら》・離婆《りは》多《た》」の3人からです。

まず、④摩訶迦旃延、インド中西部にあった、お釈迦さまの時代の四大国の一つアヴァンティという国の出身の人でした。「論議第一」と称され、国王をお釈迦さまに帰依させたとも伝えられる人でした。また、アヴァンティという国は祇園精舎から遠く離れていて、生活も風習も違い、比丘の数も限られていました。迦旃延はお釈迦さまに教えを弘めるために、風習の違いや儀式などの変更を願い、認めてもらったといわれています。

お釈迦さまの教えは初めは主に口頭で伝承されましたが、紀元前1世紀頃に文字にまとめられていくところに大乗仏典が生み出されていきました。大乗仏典はお釈迦さまの直の言葉ではありませんが、お釈迦さまの教えの本質（利他行）を体系化し深化発展させたのが大乗仏典でした。

ずいぶん余談ですが、京都駅八条口に再開発ビル、アバンティが昭和59年にできました。今もありますが、古都らしい名ではない、京に「合わんてー」などと言われました。ひょっとして迦旃延のアヴァンティという国の名から取ったのかと思っていたら、イタリア語の「前に・前進」という意味だったことを後から知りました。お釈迦さまの限られた地域での教えを、すべての人々の幸せを願うものへと「前進」させたところに迦旃延の役割りがあり、また「阿弥陀経」をはじめとする大乗経典があったといえるかもしれません。

摩訶倶絺羅・戯論

次の⑤摩訶倶絺羅《くちら》は舎利弗の叔父にあたるといわれます。やはり頭脳明晰なところがあったのでしょう。すべての学問に通じるまでは爪を切らないという変わった誓いを立てて、長い爪のバラモン・長爪梵志《ちょうそうぼんし》と呼ばれました。

古代インドには、宗教や哲学に関する様々な学派がありましたが、あるとき倶絺羅は意気盛んにお釈迦さまに論議を挑んだのです。開口一番、「我、一切法を認めず。」すなわち「私はすべての説を認めない」と主張しました。一種のニヒリズムです。すると、お釈迦さまは即座に、「では、すべてを認めないという、汝のその見解も認めないのか」と切り返されます。

認めないと言ったら自分の見解も認めないことになりますし、認めると言ったら、すべてを認めないという主張に矛盾することになります。論理のアポリアですが、しどろもどろになる長爪梵志に、お釈迦さまは世の中には様々な主張があることを無視して自説に固執するなら、必ず対立して論争に陥るだけであると諭していかれます。そして、倶絺羅という「問答第一」といわれるお弟子になったといわれています。

次は⑥離婆多というお弟子さんです。舎利弗の弟といわれ、兄の出家に感動してお弟子になったといわれます。「無倒乱第一」とされた人です。無倒乱とは、倒れ乱れることがないと書きます。煩悩というものを全く超え離れ、心乱れることがなかったという人だったのでしょう。

周利槃特・天才バカボン

さて、次は⑦周利槃陀伽《しゅりはんだが》、有名な周利槃特《しゅりはんどく》です。インド名はチューダ・パンタカといい、〃小さな道のほとり〃という意味の名で、道端で産気づいた母から生まれたといわれています。兄もまた道のほとりで生まれたのですが、大きな道だったことによりマハー・パンタカといわれています。

二人は祖父母の下で育てられるのですが、お釈迦さまに縁のあったことによって、二人は出家することになります。しかし、才知優れた兄でしたが、弟の周利槃特は、お釈迦さまの教えを聞いても一向に理解できず、泣く泣く弟子になるのを諦めようとしていた時でした。

お釈迦さまは彼に箒《ほうき》を与えて、「塵《ちり》を払おう、垢《あか》をのぞこう」と唱えながら、掃除に専念するように言われます。箒をもてば掃くことを忘れ、掃くことを覚えれば箒を忘れる毎日でしたが、来る日も来る日も祇園精舎の掃除に明け暮れているとき、ふと気が付くのです。

「汚れているのは庭ではない。本当に払い除かねばならないものは、自分の心の中の塵であり垢なのだ」と悟るのです。これが無明の闇が破れたということです。誰よりも愚かだった周利槃特は、とうとう悟りの智慧を得て「義持第一」、お釈迦さまの言われることをきちんと守った一番の弟子と言われるようになりました。

本当の愚か者とは、自分自身の姿を知らないもののこと、自分は優れた人間であると思い込んでいる者のことであることを教える話です。「方丈記」の鴨長明もその文末で彼を讃えましたが、私たちの親鸞さまは「愚者になりて往生す」といわれました。賢く立派に何でもできることが、仏さまになっていく道ではないのです。己の本当の姿、煩悩を抱えている愚かな姿に深くうなずいていくことこそが、人間を完成させていく道ということでした。

また、赤塚不二夫のギャグマンガに「天才バカボン」がありました。それにいつも箒をもって出てくる「レレレのおじさん」がいましたが、この周利槃特がモデルだといわれます。また、「天才バカボン」の〝バカボン〟とはインドの言葉〝バガヴァット〟で、仏さまのことを指す言葉で、漢字に音写すると「薄伽梵《はくがぼん》」と書き〝ばがぼん〟と読みます。

親鸞さまは〝ばがぼん〟という発音に対し、「みなひと婆伽婆《ばかば》を帰命せよ」と〝バカバ〟と読んでおられます。どちらにしろ、バカボンとは自らの煩悩の愚かさを真に悟った仏さまのような智慧ある天才という意味になります。天才バカボンという、愚かさを悟った天才というモデルは、周利槃特にありました。

（2022・7放送）

第7話

難陀と羅睺羅・次々の出家

祇園精舎に集まっていた16人のお弟子さんたち、「ナンダ・アナンダ・ラゴラ」と続くリズムのいいところ。3人はいずれもお釈迦さまの親族に当たる人ですが、きょうは⑧難陀《なんだ》と⑩羅睺羅《らごら》の二人についてお話しします。

まず、難陀（ナンダ）はお釈迦さまの異母弟に当たります。お釈迦さまの父は浄飯王《じょうぼんおう》（シュッドダーナ）、母は摩耶夫人《まやぶにん》（マーヤ）でしたが、母はお釈迦さまを生んで7日後に亡くなったので、摩耶の妹である摩訶波闍波提《まかはじゃはだい》（マハー・プラジャーパティー）を娶り、お釈迦さまの養母とし、また彼女と浄飯王の間に生まれたのが難陀でした。

悟りを開いたお釈迦さまがカピラ城に帰ったとき、ちょうどそのとき浄飯王の後を継ぐべき難陀の王子即位・結婚披露の式が行なわれていました。妻は国中で一番の美人とされるスンダリーという女性でしたが、その式の最中に、お釈迦さまは難陀を誘い出し出家させてしまったのです。

また、羅睺羅（ラーフラ）はお釈迦さまの実の子になりますが、この羅睺羅もその時に難陀の後に出家させたといわれます。「ラーフラ」という名には「障り、束縛」という意味がありますから、羅睺羅はお釈迦さまが出家される少し前に生まれたのではないかと推測され、羅睺羅の出家は幼い時、9歳だったともいわれています。（岩波文庫「浄土三部経」）

私は前々から、釈迦族の王となるべくお釈迦さまも、そして難陀、羅睺羅という後継ぎも、次々に出家してしまうことに、どこか割り切れないものを感じていました。お釈迦さまはいいのです。老・病・死という無常を感じ、愛別離苦という悲しみなど、思うようにならない人生の苦しみを乗り越えるために自ら思い立って出家されたことは、よくわかります。けれど、最高の幸せの絶頂にいた難陀、まだ幼い羅睺羅という子まで、まるで連れ去るように出家させたことは、やはり気にかかります。

ですから、父である浄飯王は、国の後を継ぐべきものが次々に出家したことに非常にショックを受け、お釈迦さまに「両親の許可なしに子供を出家させることがないように」と願い、お釈迦さまもそれを聞き入れ、その後の教団の規則にしたとされています。

仏の顔も三度

王子として、絶世の美女とともに恵まれた生活をしていた難陀、出家して修行をしても、別れ際に「行かないで、戻って来て！」と叫んだ妻の呼び声が忘れられず、たびたび妻のもとに帰ろうとしました。さらに、幼い我が子まで出家させてしまうとは、愛憎まじわる悩み多き娑婆世界だとはいえ、また本当の幸せを求めることが出家であるとしても、お釈迦さまは少し冷たく強引ではないかと思ってしまいます。私は3人を初めとする王族の出家には釈迦族の置かれた国の事情があったような気がします。

釈迦族の国といっても小さな種族で、この時期に勢力があったのはマガダ国（摩訶陀国・頻婆娑羅王《びんばしゃらおう》や阿闍世《あじゃせ》の国）とコーサラ国（舎衛国・祇園精舎があったところ）との二つであり、お釈迦さまの国はコーサラ国に従属する自治区のようなものでした。

コーサラ国の波斯匿王《はしのくおう》（パセナーディ）はお釈迦さまと同年齢であり、仲の良い関係でもありました。ですから釈迦族に、身分の高い娘を妃に迎えたいと要請しました。しかし、誇り高き血筋のものは他の民族とは婚姻しないという釈迦族の伝統に従い、大臣の召使に生ませた娘をコーサラ国に嫁がせることにしました。妃となった娘はすぐに王子・毘瑠璃《びるり》（ヴィドゥーダバ）を生みました。

ところが、母親の実家である釈迦族の地へ行ったとき、毘瑠璃は母が怪しい身分の生まれであることを知り、釈迦族の陰謀に怨みを懐き、いつか復讐をしてやろうと心に決めました。そして、父である波斯匿王の留守中を狙い、王位を奪うや大軍とともに釈迦国に攻め入ります。

それを知ったお釈迦さまは、暑さをいとわずに木陰のない枯れ木の下に座り、行く手をさえぎられました。（毘）瑠璃王は思い留まり軍隊を戻しましたが、どうしても怨みは消えず、再び釈迦族を攻めようとします。このような事が三度繰り返されますが、四度目にはお釈迦さまの姿はなく、瑠璃王は釈迦族のいるカピラ城を攻め、国を滅ぼしてしまいました。

「仏の顔も三度」という諺はこれに由来していると言われます。失敗しても三度までは許されるという意味より、三度までは命を懸けよ。しかし、後はなるようにしかならないものだという意味にも受け取れます。

王族ゆえの悩み

難陀、羅睺羅を一方的に出家させたことには、コーサラ（舎衛国）という強国に従属せねば存続できない厳しい現状があったのではないかと思います。さてその後、妻との愛欲のきずなが断ちがたかった難陀は、お釈迦さまの種々の方便を用いた教化によって、やがて阿羅漢の悟りを開くことになります。容姿端麗、立ち振る舞いも立派なことにより「儀容第一」と呼ばれました。

また、羅睺羅には偉大なるお釈迦さまの子という屈折する思いもあったようですが、まず形から戒律を守ること、身体を清潔に保つこと、それを忠実に実践し「密行第一」といわれています。難陀、羅睺羅は王族ゆえの悩みを乗り越えて生きた人でした。

ちなみに瑠璃王は釈迦族を滅ぼした七日後に、戦勝の宴の最中に落雷によって死んだとも、あるいは川遊びの最中に海に流され魚の餌となったとも記録されています。やがてそのコーサラ国も、マガダ国によって滅ぼされることになるのでした。

（２０２２・８放送）

第8話

阿難・数々の逸話

きょうは順を一人戻って阿難陀（アーナンダ）、⑨阿難《あなん》の話からです。阿難はお釈迦さまの従弟《いとこ》になります。お釈迦さまに寄り添い、80歳で亡くなられるそのときまで、身辺のお世話をした人でありました。

お釈迦さまの父は浄飯王でしたが、その王の弟に白飯《はくぼん》、斛飯《こくぼん》、甘露飯《かんろぼん》という名の弟がいました。いずれも漢訳の名前ですが、ご飯の「飯」という字がついています。インドの南の主食は米ですが、北インドは小麦でつくる薄焼きのパン、チャパティとともに米もまた主食だったことが分かります。

浄飯王という名からは雑穀の混じらない清らかな米ができることを、白飯からは変色のない白い米を、斛飯からはたくさんの収穫を、そして甘露飯からはブランド米のような味を、それぞれ願い求めた米の王族だったといえるかもしれません。釈迦族の始まりは、この地（北インド）に稲田を開いた大地主であったという説もあります。

さて、阿難です。阿難は浄飯王の弟・斛飯の子になりますが、阿難の兄に誰がいたかというとあの提婆達多《だいばだった》でした。ともに二人はお釈迦さまの従弟になりますが、阿難は生涯をお釈迦さまに仕えたのに対し、提婆は逆にお釈迦さまを殺そうとし教団の主になろうと思った人間でした。

阿難にはたくさんの逸話が残っていますが、まずとてもイケメンで女性に優しかったということです。あるとき、のどが渇いて水をもらった村娘が、最下層のカーストであったのですが、何のためらいもなく飲み、その娘が阿難に恋い焦がれたという話。(「摩登伽経《まとうがきょう》」)人間の平等を説いたお釈迦さまの教えを物語る話でもあります。

また、許されなかった女性の出家をお釈迦さまに認めさせたのも阿難でした。難陀、羅睺羅が出家し、やがて浄飯王が亡くなったとき、妻でありお釈迦さまの養母であった摩訶波闍波提《まかはじゃはだい》も出家を思い立つのですが、修行の困難さゆえに認められません。

阿難の懸命な願いによってやっと実現し、彼女が尼僧第一号となり、お釈迦さまの妻であった耶《や》輸陀羅《しゅだら》(ヤショーダラー)もその後に出家することになりました。

涅槃図を見て

阿難は25年間にわたり、お釈迦さまが亡くなられる最後まで一緒にいた人ですが、阿羅漢の悟りの境地に達していませんでした。お釈迦さまの最後を描いた涅槃図を見ると、たくさんのお弟子や菩薩、動物たちが集まっていますが、そのなかで悲しみのあまり地面に倒れ伏し慟哭する人がいます。

それが阿難です。死は悲しいものですが、人間が到達すべき完成の境地であり、聖者の境地に達したものはじっと悲しみを押さえています。阿難はお釈迦さまの教えを最も聞いたはずですが、あまりに身近にいてお釈迦さまの人格なりに寄りかかり敬慕するあまり、教えをなかなか自分のものとすることができなかったのでしょう。

また、美男ゆえに女性にもてはやされたこともあったからかもしれません。お釈迦さま亡き後すぐに、文字にまとめる仏典の編集作業（結集《けつじゅう》）が行なわれましたが、その集会に加わることができなかったのです。

悟っていない人の言葉には間違いが起こるかもしれないからです。しかし、結集の日の前の晩に悟りを開き、晴れて参加することができたといわれています。そして、阿難の記憶に基づいて口述が行なわれていきました。

「阿弥陀経」は舎利弗に向かって説かれたお経ですが、始まりの「如是我聞」という定型句、「我はお釈迦さまからこのように聞いた」という、この「我」とは通常、阿難を指すことになります。阿難は「多聞第一」とされています。

おびんずるさん

祇園精舎に集まっていた16人のお弟子さんたち、後の人はさっと見ていくことにしましょう。次の⑪憍梵波提《きょうぼんはだい》は非常にまじめに仏道を求め、人々から尊敬され天の供養を受けるに最もふさわしい人という意味で「受天供養第一」といわれています。

次の⑫賓頭盧頗羅墮《びんずるはらだ》は優れた神通力をもっていたのですが、みだりに使いすぎ、お釈迦さまに叱られて、休まずにいつまでも人々を救うようにといわれます。

浄土真宗の寺にはありませんが、よく本堂の前に赤い前掛けをした、頭がつるつるの〝おびんずるさん〟がいて、頭をなでたり体の悪い所をさすれば治るという信仰があります。神通力がいまも生きているということなのでしょう。その力強い能力に対し「獅子吼《ししく》第一」とされています。

次は⑬迦留陀夷《かるだい》、黒い光「黒光」と漢訳される名の人です。迦留陀夷は毒蛇の毒にあたり顔が黒くなり、それを気にして、夜に歩いて托鉢したという話が残っています。

次の⑭摩訶劫賓那《まかこうひんな》、インドでは星占いがさかんですが、占星術が巧みだったといわれ「知星宿《ちせいしゅく》第一」といわれます。占星術は天文学・農耕暦などに通じ、威政者も頼りにしたと思われます。

そして、⑮薄拘羅《はくら》、少欲知足の生活をし、生き物の命をむやみに殺さない不殺生戒を守りました。他の命を殺すことは、自分の命も縮めることになるということです。不殺生戒に徹することによって、無病で長命を得て、「長寿第一」といわれました。きょうはここまでにいたします。

（２０２２・９放送）

第9話

阿㝹樓駄・天眼を得る

祇園精舎に集まっていた16人の最後に出てくるお弟子さん、⑯阿㝹樓駄《あぬるだ》（アヌルッダ）です。阿那律ともいわれます。お釈迦さまの父である浄飯王の弟、甘露飯《かんろぼん》の子供ですから、お釈迦さまの従弟《いとこ》にあたります。

インドには厳しいカースト制度がありましたが、お釈迦さまは身分の違いによる差別を否定され、出家するものは先に出家した者を敬い礼拝するという教団の決まりがありました。王族であった阿㝹樓駄は先に出家していた自分たちの使用人であったシュードラ出身の優波離《うぱり》（ウパーリ）を礼拝せねばなりませんでした。しかし、決意して礼拝すると、お釈迦さまは「よくぞ高慢な心を打ち破った」と称讃したといわれています。

阿㝹樓駄は「天眼第一」といわれますが、祇園精舎でお釈迦さまが説法している最中に眠ってしまい、お釈迦さまから厳しく叱られたことがあるのです。それ以降、不眠不休の誓いをたて、横になって眠ることをしないという修行をしたのです。

お釈迦さまは眠ることの良し悪しは時と場所によるのだと諭されますが、阿㝹樓駄はその誓いを続け、ついに視力を失ってしまうのです。しかし、その失明により「天眼《てんげん》」を得たとされています。

見えないものを見る

仏教では五眼《ごげん》といって、私たちの普通の目、見えるものしか見えないという「肉眼《にくげん》」、いわゆる肉眼《にくがん》のほかに、「天眼」「慧眼」「法眼」「仏眼」という、煩悩を抱えた人間には見えない純粋な智慧の眼があります。

天眼については、「観無量寿経」のなかでお釈迦さまは韋提希《いだいけ》に向かって、「なんぢはこれ凡夫なり。心想羸劣《るいれつ》にしていまだ天眼を得ざれば、遠く観ることあたはず」と語っておられます。つまり、天眼とは遠くを見ることができる眼のことだといえます。

肉眼にとらわれる私たちの眼とは、目先のものしか見えないということ。自分を離れたものが見えないということは、自分の思いや立場でしかものを考えることしかできないというのが私たちの眼です。そんな肉眼を超えた、肉眼で見えないものが見えてくるのが天眼です。

「かんじんなことは、目に見えないんだよ」とは、サン・テグジュペリの「星の王子さま」の名フレーズでした。そして金子みすゞの「星とたんぽぽ」という詩は、「春のくるまでかくれてる、つよいその根は眼に見えぬ。見えぬけれどもあるんだよ。見えぬものでもあるんだよ。」

そして、仏教賛歌には、「み仏は　眼《まなこ》を閉じて　御名《みな》呼べば　さやかに居ます　吾が前に」がありました。み仏は眼を閉じて初めて見えてくるものです。目を閉じナモアミダブツとみ名を称えることによって出会うことができるのです。これらは肉眼をこえた天眼に通じる眼だということができるでしょう。

以上、祇園精舎に集まった16人のお弟子さんは皆「大阿羅漢」、煩悩を断ち尽くして修行がすでに完成して、もはや学ぶものがないという「無学」という境地にあるとされます。反対に私たちは「有学《うがく》」、学があるのではなく学ぶものが大いにあるという立場です。お弟子さんは皆、それぞれ智慧第一とか神通第一とかといわれたように、一人ひとりの個性が輝いていました。己の立場、使命を極めていくことが悟りへの道だといえるでしょう。

菩薩と神々も

さて、祇園精舎の16人の「かくのごときらのもろもろの大弟子」に続いて四人の菩薩方が出てきます。「文殊師利法王子・阿逸多菩薩《あいったぼさつ》（弥勒菩薩のこと）・乾陀訶提菩薩《けんだかだいぼさつ》・常精進菩薩、かくのごときらのもろもろの大菩薩」と続きます。

菩薩方は実在の人物をモデル化した菩薩とも考えられますが、というよりもお釈迦さまのもっておられる徳や教えを、菩薩として人格的に象徴している人々といえばいいのではないかと思います。諸仏、菩薩は阿弥陀如来の分身と蓮如上人も言われましたが、お釈迦さまの体得された悟りの智慧をかたどったのが文殊菩薩、その文殊菩薩がいま祇園精舎にいて、お釈迦さまのそのお徳を讃嘆しているという構図です。

同じように、阿逸多菩薩とは弥勒菩薩のことですが、慈氏菩薩ともいわれるように慈悲に徹した仏になりたいという願いをもった菩薩ですから、お釈迦さまの慈悲の心を表現している人になります。

次の乾陀訶提菩薩はお香の香にエレファントの象、香象菩薩と訳されるように、お香のような清浄な香りが、象の歩むがごとくどんな密林の中にも漂っていき、やがて悟りの世界に導いてくれるだろうというお釈迦さまの徳の力を表しています。

そして、もう一人、常精進菩薩は自己の悟りのみを求めるのではなく、利他の行に常に精進する心を表しているのでしょう。菩薩方が祇園精舎の会座の聴聞者になっているということは、阿羅漢の小乗の悟りのみに終わらない、すべての人を悟りの世界に導かんとする大乗の利他の教えが説かれてある経典であることを示すことになっていると思われます。

さて、最後、これらの菩薩方のほかに「および釈提桓因《しゃくだいかんいん》等の無量の諸天大衆と倶《とも》なりき」と結ばれます。釈提桓因とは帝釈天のことです。帝釈天は仏法を守護する神ですが、無量の諸天大衆（あらゆるインドの神々）もお釈迦さまの説法されるところに集まっているのです。

力ある神々も流転の世界に生きるものとして、仏法を聞かなければ助からないということでしょう。そして、いよいよお釈迦さまは集まっているお弟子の代表である舎利弗の名を呼んで、「阿弥陀」の話を始められるのです。次回から、その内容に入ります。

（2022・10放送）

第10話

思うようにならない世

さて、いよいよ「阿弥陀経」（正宗文）本文に入ります。「その時、仏、長老舎利弗に告げたまはく、これより西方に、十万億の仏土を過ぎて世界あり、名づけて極楽といふ。その土に仏まします、阿弥陀と号す。いま現にましまして法を説きたまふ」というところです。

「この私たちの娑婆世界のはるか西の彼方、十万億の仏の国々を過ぎたところに世界がある。その世界を極楽という。そこに阿弥陀という仏がおられて、いま現に教えを説いておられる」と。突如、お釈迦さまがお話されたのです。でも、いきなりはるか西方に極楽世界があり、そこに阿弥陀さまがいらっしゃるといわれても、「はい、そうですか。それで、どうしたのですか」という感じになります。

なんで極楽浄土があると説かれたのでしょうか。極楽は「無有衆苦《むうしゅうく》」もろもろの苦あることなき世界と次に言われるように、私たちの娑婆世界は生まれれば老病死をはじめ思うようにならない苦悩の世界だからです。若くありたい、健康でいたい、まだ死にたくないと思ってもそうはいかない。

また、大好きな人であっても、別れねばならない（愛別離苦）、逆に大嫌いな人でも一緒にいなければならない（怨憎会苦《おんぞうえく》）、どうしても欲しいのに手に入らない（求不得苦《ぐふとっく》）、そもそも自分の心や体すら自分の思い通りにならない（五蘊盛苦《ごうんじょうく》）という四苦八苦といわれる世界です。

なぜ私だけがこんな目に合うのだろうかという思いが高じると、地獄のような境遇に趣くことになります。地獄の住人は「おのおの鉄の爪をもってたがひに掴《つか》み裂く」（源信「往生要集」）互に相手を切り刻むという、精神的にも肉体的にも人を傷つけることが、日常の生活であると描かれたりします。

このような心安らかでない私たちを、よろこびに満ちた国に導き、苦しみから救わんと願い、私たちに呼びかけているのが阿弥陀如来です。では、その呼びかけている浄土とは、どこにあるのかということになります。

浄土はどこに「指方立相」

極楽浄土は本来「虚空のごとく、広大にして辺際なし」（天親「浄土論」）と言われるように、「虚空のごとく」ですから形ある世界ではありません。そして「辺際なし」ですから、辺際《ほとりきわ》がないのです。辺り際わがないということは無限な世界ということになります。

無限とはどんな世界でしょうか。有限な世界しか認識できない人間にとって、無限というものが一体どういうことであるのか理解することは非常に難しいことです。ただ言えることは、限りある空間では、中心は一か所だけですが、無限はすべてのものが中心になるということです。自分を中心にするかぎり、人を傍らに追いやるというのが有限な世界です。

しかし、一人ひとりが中心になって主役になる世界、私もあなたも、ど真ん中になる世界が「広大にして辺際なし」という世界です。みんな違って、みんな輝くといった世界です。ですから、無限なる世界はどこかに有る無しの問題ではなく、発見するもの、気づかされるものとして、まず感性においてイメージされるべき世界でしょう。

そこで方角そのものがない辺際なき浄土を、私たちに知らせる手立てとして、西方に方角を指し示して色相《しきそう》（すがたかたち）を立てるという「指方立相《しほうりっそう》」ということが説かれたのです。これが西方極楽浄土です。

西方を想うこと

しかし、「指方立相」西の彼方に浄土があると言っても、地動説を知らない時代の考えで、西へ西へと進めば結局元の所に戻ってきてしまうではないかということになりますが、地理的に西を考えているわけではありません。西方のイメージと言えば、太陽の沈むところです。

太陽が沈むところは一切がおさまるところです。東は太陽が昇るところ、あらゆるものが生起する、生まれてくるところであり、西はすべてのものが帰っていくところ。美しい茜の空は、命の行きつくところ、人生の精神的な帰依処としてイメージされてきたといえるでしょう。

よく人生は旅といわれますが、旅に出てその旅が楽しいためには、初めから帰るところがなければなりません。帰るところのない旅は、途端にさすらいのようなものになってしまいます。どんな人にも安心できる家に帰りたいという気持があります。

旅に例えられる人生の帰るべき帰依処として、壮大な夕焼けの彼方に、命の帰るべき処としての「浄土」を、私たちの祖先は無意識のうちに重ね合わせてきたのではないかと思います。その夕焼けへの素朴な感情をとらえて、お釈迦さまは夕陽の向こうに西方浄土があると説かれたのでしょう。お釈迦さまは阿弥陀仏の浄土を想うとき、まず「日想観《にっそうかん》」といって、心を落ちつかせ夕日をじっくりと観察し、太陽が沈んで夕闇が訪れても、そこにまだ太陽が明らかに見えるようにせよという修行を説かれました。(「観無量寿経」)

平等院の鳳凰堂のような形ある極楽浄土が実在するのではありませんが、西の彼方に浄土を想うのは、私たちが考えたことではなく、お釈迦さまが指し示されたことなのです。これは大事なことだと思います。

人間的な損得や分別を超えた、言葉も心も及ばない「無量光明土《むりょうこうみょうど》」たる浄土を、私たちが視覚的な対象として認識することができるようにと、西方の壮大な夕焼け空の彼方を見るようにとお釈迦さまが指し示されたのです。浄土は空間的に虚空なる無限なる世界ですが、西方に極楽浄土を想うことは、とても自然なことではないかと思います。

(2022・11放送)

第11話

逆対応する世界

前回の「これより西方に、十万億の仏土を過ぎて世界あり、名づけて極楽といふ。その土に仏まします、阿弥陀と号す。いま現にましまして法を説きたまふ」というところ、もう少し続けます。

西方とは仮に示された方向で、大宇宙の無数なる仏さまの国を遥かに超えた、遠い遠い彼方なる形なき虚空という世界でした。娑婆世界から遥かに隔絶した世界であるということは、この世と最も違った世界、この世は煩悩うずまく、思うようにならない悩み多き世界でした。この欲望煩悩から隔絶した正反対の清浄なる世界だから、浄土は限りなく遠いのです。しかし、限りなく遠い正反対の世界だからこそ、逆に私たちの煩悩の娑婆世界と否定的に最も深く結びつき、〝逆対応〟しているという世界です。

こんなエピソードがありました。一休さんと蓮如さん、二人は仲が良かったと伝えられていますが、あるとき一休さんが「極楽は　十万億土と説くならば　足腰立たぬ　婆は行けまじ」、極楽がそれほど遠いところなら、足腰の弱い年寄りはとても行けないではないかと問うと、蓮如さん「極楽は　十万億土と説くなれど　近道すれば　南無のひと声」、極楽は迷いの娑婆世界をはるかに超えた悟りの世界だが、ナンマンダブツの念仏一つで阿弥陀さんに出会うことができるのだと返しています。

煩悩に振り回され、悩み多きわが身ゆえに、如来は見捨てずに大悲するのです。煩悩ゆえに大悲する、この如来と私の切っても切れない〝真逆の密接な関係〟（逆対応）の自覚が念仏であり、極楽浄土の認識となるのです。

唯心の弥陀・己心の浄土

さて、きょうのところ、西方の極楽浄土に阿弥陀仏がおられ、今現に法を説いておられるというところです。よくこんなことを言う人がいます。地獄などはどこか他にあるものではなく、私の煩悩が作り出す世界そのものである。極楽もまた我が心の外にあるものではなく、煩悩が払われた自分自身の清らかな心のなかにあるのだと。

「唯心の弥陀」「己心《こしん》の浄土」といって、我々の心以外に阿弥陀仏も浄土もないという考え方です。これは心の持ちようというようなことで、何となく分かる気もするのですが、阿弥陀仏よりも自分の心の方が大きいのです。浄土も地獄も自分の心の中に収まってしまうものなのです。

それは煩悩をコントロールできる仏さまなら言える境地かもしれませんが、何をしでかすか分からない、時に地獄的な状況に苦しむものにとって、それは頭で考えただけの観念的なことに過ぎないでしょう。この論理で言うなら、地獄極楽は私の心の中にあるのではなく、逆に私たちは地獄極楽という世界のなかに「於いてあるもの」というべきです。何をしでかすか分からないものが「於いてある苦しみの世界」が地獄であり、如来の大悲のなかに「於いてあるという喜びの自覚」が信心の智慧です。

「今・現在」の説法

さて、極楽に今現在、阿弥陀仏がおられ説法しておられるというのです。「今現在《こんげんざい》」とは祇園精舎でお釈迦さまが、この「阿弥陀経」のお話をされている2500年前のことをいうのではなく、まさに刻々と過ぎていく私たちが生きている今もなおということです。

お釈迦さまは「阿弥陀経」のお話をされて、まもなく80年の生涯を閉じられたとされましたが、極楽浄土の阿弥陀如来は実在の人物ではなく、〝ことばになった如来〟なのです。「重誓名声聞十方」(「正信偈」)、ナモアミダブツという名となり声となって、人間の苦悩を救おうと誓われた仏さまです。ですから、阿弥陀如来とは死なない永遠なるお釈迦さまと思えばいいのです。より直截には阿弥陀如来とは名となり声となって今も私たちに働いている力(パワー)のことなのです。

ではなぜ、名となり声となろうとされたのでしょうか。人間は言葉をもっています。言葉は伝達の道具といいますが、考えた結果を言葉にするのではありません。人間は言葉で考えるのです。言葉がなければ考えることもできませんし、ものをつくり出すことも社会生活を営むこともできません。言葉が人間をして人間たらしめる根本ですが、言葉はまた自意識をつくり、我執を生み出し、燃え盛る煩悩の根源になります。

大きい小さい、美しい醜い、損か得か、欲や腹立ち、驕慢や嫉妬、人を悩まし傷つける迷いの根本は言葉による執らわれにあります。この言葉による執らわれから解放するものが、如来の言《ことば》「ナモアミダブツ」なのです。ナモアミダブツのことばは、私たち人間の使う日常語とは全く性質が違う、次元が違う非日常語としてのことばです。

例えば、ケンカをしながら念仏することはできません。「なんだって、バカか、この野郎！ナマンダブツ…」という風には絶対になりません。ケンカは眠っている煩悩が縁に触れ湧き出して言い争いになるのですが、念仏は眠っている煩悩を照らし出し自覚させ、沈めてくる彼方からのことば、日常語とは正反対の私を覚醒する如来の言葉、呼び声だからです。

浄土は空間的に無限なる世界でしたが、同時に「今・現在」説法しておられる阿弥陀如来とは、ナモアミダブツと念仏するものを目覚めさせ救おうと働いている力なのです。今も私に向かって呼び声として働いている永遠なる〝力の如来〟を「阿弥陀となづけたてまつる」(「浄土和讃」)のです。

お釈迦さまは有限なる生涯を閉じられましたが、その説かれた阿弥陀如来の存在は、永遠なるものです。極楽浄土は時間的に永遠なる、空間的に無限なる世界です。永遠・無限という認識できない世界を知ることができるのは、私たちの柔らかな、深い感性です。

(2022・12放送)

第12話

生きる指針が説かれている

さて、きょうは「極楽」と言われる、その理由からです。「舎利弗、かの土をなんがゆゑぞ名づけて極楽とする。その国の衆生、もろもろの苦あることなく、ただもろもろの楽を受く。ゆゑに極楽と名づく」。

何の故に極楽というのか。これは、前にもお話しましたが、「極楽はたのしむと聞きて、まゐらんと願ひのぞむ人は仏に成らず」と蓮如上人も言われたように、極楽は人間的な楽しみ、快楽が極まった何でもありの結構な世界ではありません。どんな苦しみがあっても、それを苦しみとしない世界、受け止めていける仏の世界ということです。

およそ楽をしたい、楽になりたいと思うところに、そうならないという苦があるものです。極楽は究極の楽と書くように、苦悩から逃げるものの避難所ではなく、苦の事実を受け止めることができる勇気の世界、それゆえに人間として目指すべき世界ということができます。

ですから次に、極楽はどんな世界なのかと説かれていきます。極楽浄土の親鸞さまの根本的表現は「無量光明土」光の世界でした。無限なる永遠なる世界、人間の言葉では表現できない認識できない世界でした。しかし、まったく表現できない、分からないなら、何ものでもない世界になってしまい、私たちの娑婆世界と関係のない世界になってしまいます。

阿弥陀仏は私たちの思うようにならない苦しみ、よろこびなき在りようをみそなわして、幸多き国に導こうと願われ極楽浄土を建立されたわけですから、その極楽世界とは私たちが目指していくべき、どう生きていくべきかという指針が説かれている世界です。仏さまの世界の、そこにいる仏さまになった人々の生活などが、これから示されることになります。

お化粧された浄土

極楽浄土は私たちの煩悩に汚染された生活と正反対に対応する世界でしたから、私たちの世界のかたちを基にしながら、娑婆のそれとはまったく違ったかたちとして浄土が示されるのです。これを「方便化土《ほうべんけど》」と言います。「真実報土」に対して「方便であり仮の浄土」の姿という意味です。

方便化土とは、〝お化粧された浄土〟ということができます。如来が自ら化粧を施し形を示して、私たちの眼をそこに向けさせようとされたのです（報中垂化《ほうちゅうすいけ》）。私たちに極楽浄土を理解させるために、あくまで浄土の真実に触れさせる仮の手立てとして描かれた世界です。ですから、浄土において営まれている生活や姿や形の中に、その心を尋ねねばなりません。

残念ながら私はまだ極楽を見てきたわけではないのですが、「講釈師、見て来たような嘘を言う」という次元の話にならないように、方便化土としての極楽浄土のありさまについて、順に見ていくことにしましょう。

まず最初に、「また舎利弗、極楽国土には七重の欄楯《らんじゅん》・七重の羅網《らもう》・七重の行樹《ごうじゅ》あり。みなこれ四宝周匝《しゅうそう》し囲繞《いにょう》せり。このゆゑにかの国を名づけて極楽といふ」とあります。

舎利弗よ、極楽の聖なるところには七重になった石垣が張りめぐらされ、鈴で飾られた網が七重の並木にかかっている。これらはすべて金や銀、瑠璃（エメラルド）や水晶でできていて、いたるところに見ることができる。そこでかの国を極楽と呼ぶのであるといわれます。

極楽はまず、七重になった並木の参道にデコレーションのように鈴の網がかかり、美しい宝石でできた七重の玉垣に囲まれた所がある。いきなり想像することもできず、信じがたい表現だと思いますが、繰り返される「七重」の七という数字は、「七菩提分」という悟りを得るための七種の修行が、木の下で行なわれているという表現なのでしょう。

極楽の木々

極楽の描写の最初は「樹木」です。（宝樹荘厳《ほうじゅしょうごん》）木は宝の木、宝樹とありますが、多羅樹《たらじゅ》のことを指すともいわれます。多羅樹とは棕櫚《しゅろ》の木の一種、その葉っぱは貝葉《ばいよう》といって、葉を乾燥させ紙の代わりに用い、鉄筆のようなものでお経の文字を刻み、墨で字を浮かび上がらせて保存しました。これが文字になった経典の最初です。極楽はまず、お経が書かれる宝のごとき木々が、いたるところにあるという世界です。

また、インドは暑い国です。この「阿弥陀経」が説かれた祇園精舎は冬の朝晩は寒くとも、日中は日差しが強く、木陰が涼しく気持がいいところでした。木陰は人が集まる憩いの場であり、説法がなされるところ、説法を聞くにふさわしいところとなります。そういえば、お釈迦さまが悟りを開かれたところも菩提樹の木の下でした。

「♪この木なんの木、気になる木」というCMがありました。見たことのない木は、気になる木ですが、親鸞さまはこの極楽の宝樹の在りようをこう押さえられました。「七宝講堂道場樹　方便化身の浄土なり　十方来生きはもなし　講堂道場礼すべし」(「浄土和讃」)と。

浄土は七宝の宝で飾られている美しいところである。風が吹けば宝樹に掛けられた鈴の音が涼しい音を立てて鳴り響いている。安らげる木陰は、私たちが法を聞き、悟りを開く道場である。心地よい道場だから、世界中からやってくる人の数は限りがない。方便の化土だと切り捨ててはいけない。極楽に宝樹があると譬えて示された如来の巧みなお手回し(方便)を、むしろ敬い尊ばねばならないと解釈されています。

茜の夕焼け空の彼方に西方極楽浄土を思わせるのもそうでしたが、七宝の道場樹があるということは、極楽とは仏さまの教えを聞く心地よい木々に囲まれた処であると、まず示されているのでしょう。


(2023・1放送)

第13話

七宝の池

極楽の荘厳《しょうごん》（飾り）は、前回の七宝の木々に次いで七宝の池になります。暑いインドでは木が木陰をつくり、心地よい道場をつくったように、池は新鮮な水を飲むための場所であり、体を清めるためにもなくてはならないものでした。日本では「水と安全はタダである」といった有名な人（イザヤベンダサンこと山本七平）がいましたが、昔から「水は百姓の命」ともいいました。インドでも木陰も水も、生存を左右する大事なものでした。

その池はこう説かれています。「また舎利弗、極楽国土には七宝の池あり。八功徳水そのなかに充満せり。池の底にはもっぱら金《こがね》の沙《すな》をもって地に布《し》けり。四辺の階道は、金・銀・瑠璃・玻璃《はり》合成せり。上に楼閣あり。また金・銀・瑠璃・玻璃・硨磲《しゃこ》・赤珠・碼碯をもって、これを厳飾《ごんじき》す。」

極楽世界には七つの宝で縁取られた池があって、八功徳水という不可思議な力を持った水がなみなみと満ちている。池の底には金の砂が敷きつめられ、池の四方には金・銀・瑠璃・水晶でできた階段がある。岸の上には体を休める楼閣があって、それもまた七つの宝で美しく飾られている。

あくまで、極端に飾られた方便化身土の極楽浄土のかたちです。池の水の八功徳水は、八つの功徳ある水、まず清らかで臭いがなく、胸につかえず冷えていて、柔らかく安らげて、いつでも飲めて飲み終わっても下痢などしないという、水に対するインド人の強い憧れが表現されている光景です。

そして、その池には身を清めることができるものもあり、沐浴し階段を上がれば着物を着換えて休むことができる美しい建物（高殿）がある。これで身も心もリフレッシュし、心地よく法を聞くことができるという極楽の姿が現されているのだと思います。

青色青光・白色白光

その次には「池のなかの蓮華は、大きさ車輪のごとし。青色《しょうしき》には青光、黄色には黄光、赤色には赤光、白色には白光ありて、微妙《みみょう》香潔なり。舎利弗、極楽国土には、かくのごときの功徳荘厳を成就せり。」

また池のなかには車輪のような大きな蓮の華があって、青い蓮の華は青い光を放ち、黄色い華は黄色い光を、赤い華は赤い光を、白い華は白い光を放って美しく、香りは気高く清らかである。舎利弗よ、極楽世界はこのような優れた力をもって飾られている世界なのである。

まず、青・黄・赤（薄紫）とは色の三原色ということでしょう。日本では蓮といえばピンクが主ですが、三原色ですべての色が表現され、どんな色の蓮もそれぞれに輝いているのです。つまり、どんな人も、どんなに違っていても、どんなに小さくとも劣っていても、すべてが生き生きと光り輝いているという世界、比較の物差しを離れるということです。

仏教詩人といわれた坂村真民さんの詩に、「悟り」という詩がありました。「悟りとは　自分の花を　咲かせることだ　どんな小さい　花でもいい　誰のものでもない　独自の花を　咲かせることだ」とありました。

まさに極楽の蓮の華は、青い蓮の華は青く光り、黄色は黄色く、赤は赤く光っている。どれが綺麗か優れているか、そんな区別は一切なく、各々のその持つ色のままに輝いていると表現されています。悟りとは一つ一つが輝く世界、また一人ひとりに輝くものを見い出すことができる眼を持つことでもあると知らされてきます。

なぜ極楽に蓮の華が

では、なぜ極楽に蓮の華が咲いているのでしょうか。蓮の葉には突起があって水をはじきます。人間の欲望煩悩をはじき、それに染まらない「さとり」ということを示します。また、蓮は汚い泥水のなかから、清らかな華を咲かせます。仏さまは私の煩悩のただなかに、清らかな心を咲かせようと働いておられます。蓮はそれを物語っています。

また、蓮は強い生命力をもった華です。生長が速く、次々華を咲かせ実を結び、インドで蓮は生産豊饒のシンボルでした。また昭和26年、泥炭層から発見された推定2000年前の蓮の実が開花しました。有名な大賀蓮です。蓮には「いのち」の力がイメージされていました。

そして、極楽の蓮の大きさは車輪ほどであるといわれたように、蓮華化生《けしょう》といって極楽に生まれるとき、人は蓮の華から生まれるのです。実は、蓮の葉は裏返すと妊婦（ヒト）の胎盤と外見が非常によく似ているのです。胎盤は子宮壁に付き、母体からへその緒を通じて胎児に栄養を送る直径20センチほどのものですが、表面には広く血管が分岐しています。胎児が生まれてしばらくして母体から出てきますが、血管の分布は蓮の葉脈を、へその緒の管《くだ》は蓮の茎を連想させるのです。

新しい「いのち」を生み出す胎盤が、蓮にイメージされているのです。「いのち」とはいつも、生まれようとするものです。胎児は胎内にいる自分に死ぬことによって生まれてきたように、私の「いのち」も死ぬことによって仏さまの世界に生まれて往くということです。

極楽浄土で「同じ蓮の台《うてな》に半座を分けて待つ」と言われたように、人間とはみな生まれてゆくべきものなのでしょう。赤ちゃんも、娑婆の命まさに終えん人も、さらには日々の生活に追われる私もあなたも、人間とは日々新たなるものとして生まれてゆくべきものなのでしょう。

そして、「かくのごときの功徳荘厳を成就せり」、このような阿弥陀仏の願いが、極楽の木や池や蓮において表現されていると述べられているのです。

（2023・2放送）

第14話

音楽が流れる金色の大地

極楽浄土のありさまが続きます。「舎利弗、かの仏国土には、つねに天の楽をなす。黄金《おうごん》を地とし、昼夜六時に天の曼陀羅華《まんだらけ》を雨《あめふ》らす。」極楽浄土にはいつも妙なる音楽が流れている。また大地は黄金に光り、昼夜に三度ずつ天から曼陀羅華の花が降り注いでいるとあります。

まず極楽浄土の音楽です。音楽はどの民族にも共通してあり、リズムや音の強弱やメロディーによって、人間のもっている感情を揺さぶり高めます。よくモーツァルトの音楽を聞くと、ドーパミンが増え集中力が高まる。副交感神経が刺激され、緊張感がほぐされ癒されてくる。牛はよくお乳を出し、ニワトリは玉子を多く産むようになるなどといわれたりします。

よろこびや悲しみの感情があるところ、そこに音楽があります。戦場で生きるか死ぬか銃を打ちあっているただ中に、また病いの耐えきれない苦痛が続くとき、何日もの飢餓の状態に陥っているときに、そんなときには音楽を聴く気持どころか、むしろ雑音、障害であるかもしれません。

音楽が楽しめなくなるとき、よろこびや悲しみという人間的な感情を失った心になっているといえるのでしょう。極楽浄土に心地よい音楽が流れているということは、戦争や病いや飢餓という生存の極限状態などが、ないようにしたいという仏の願いを感じ取ることができます。

次には「黄金を地とす」とあります。極楽の大地は金色《こんじき》に輝いているということです。鉱物としての金の特色は、錆《さ》びない腐食しないということ、光輝き、汚れない清浄な世界であるということです。私たちの娑婆世界は錆びついている、欲望煩悩にとらわれ清らかでない穢土です。

この娑婆世界の闇をとらえて、明らかに自覚させる智慧の光の世界が浄土です。平泉の中尊寺に国宝の金色堂がありますが、これを「きんいろどう」と読む人はいないでしょう。「きんいろ」は色紙《いろがみ》にあるような色の一種ですが、「こんじき」とは光を意味します。

極楽浄土は金ぴかの世界ではなく、光の世界なのです。光に色はありません。光はそれを妨げるものをとらえてあらわにする働きです。極楽の光の世界に触れるということは、欲望煩悩にとらわれ清らかでない私の姿が照らされるということです。煩悩具足の自覚は、明るい智慧の自覚です。黄金の光の大地は智慧の目覚めの世界であることを示しています。

美しい華を降らす

そして、次は「昼夜六時に天の曼陀羅華を雨《あめふ》らす」の華です。「昼夜六時」とは1日24時間を六つに分けた4時間ごとにということです。天から曼荼羅華が降ってくるといわれます。曼荼羅華とはどんな花なのか、色が美しく良い香を放ち、見る者の心を喜ばせることから悦意華《えついか》とも訳されています。

蓮の花の一種とも、またサンゴ樹をさすともいわれます。サンゴ樹は夏に紅いサンゴのような球形の果実をつけます。私の寺の中庭にありますが、こんな花が静かに降ってくれば、別世界のような光景になりそうです。

美しい花を装飾とする風習は世界中に見られます。切り花はもとより、髪飾りにしたり、花束（ブーケ）にしたり花輪にしたり、バラやカーネーションの贈り物にしたり、冠婚葬祭における装飾や死者を弔うための献花にも広く用いられています。

花には人の目を引く美しさがあります。葉や茎の多くは緑色ですが、それとは対照的に花弁は鮮やかな色合いで、よく目立つようになっています。花は昆虫などの目を引き、受粉の目的としても咲いています。

花は自然界が生んだ最も美しいものなのでしょう。仏菩薩を讃嘆するためにも華を降らすのです。お寺で大きな法要をつとめる時に、散華といって蓮の形を模った「華葩《けは》」（紙の華）を撒きます。道場を清めて仏を迎える儀式とされています。

仏さまを讃える美しい華がただ降っているという世界です。「美しい花がある、花の美しさという様なものはない」と言ったのは小林秀雄（「当麻」）でしたが、「美しい極楽がある、極楽の美しさという様なものはない。」あれこれと詮索する前に美しい極楽があると言い換えてもいいかもしれません。

供養する生活

さて、次です。「その国の衆生、つねに清旦《しょうたん》をもつて、おのおの衣裓《えこく》をもつて、もろもろの妙華を盛れて、他方の十万億の仏を供養したてまつる。すなはち食時《じきじ》をもつて本国に還り到りて、飯食《ぼんじき》し経行《い》す。舎利弗、極楽国土には、かくのごときの功徳荘厳《くどくしょうごん》を成就せり。」

これは極楽浄土に生まれた仏たちの生活です。清らかな朝を迎えると、それぞれに降ってくる美しい華を盛った花皿を手にして、他の国の仏たちを供養してまわるのです。供養とは尊いもの、尊い教えに身を捧げるという行為です。本当に尊いものに出会ったよろこびが語られています。

そして、昼の時間までに本国に帰ってきて、食事をし経行《きょうぎょう》す、経行は禅では「きんひん」と読み、一定の場所を徒歩で往復することをいいます。自由な散歩ではなく、心身を整えるための修行法です。極楽世界にはこのような美しい優れた生活が完成されているのですと結ばれます。

極楽浄土に生まれることとは、楽をして横になることではなく、供養に身を捧げること、我が身を捧げることができる尊いものに出会うということ。生きがいとは身を捧げる尊いものが見つかり、いのちを燃焼して生きていくということです。それが極楽浄土の生活とされています。

（２０２３・３放送）

第15話

見たことのない極楽の鳥

極楽浄土の最後に鳥が出てきます。「また次に舎利弗、かの国にはつねに種々奇妙なる雑色の鳥あり。白鵠《びゃっこう》・孔雀・鸚鵡《おうむ》・舎利・迦陵頻伽《かりょうびんが》・共命《ぐみょう》の鳥なり。このもろもろの鳥、昼夜六時に和雅の音を出す」と続きます。

祇園精舎の木々に飛び交う鳥は、見たことのない原色の鳥もいて、気持よくさえずっています。これをもとに極楽世界の鳥が説かれるのでしょう。白鵠・孔雀・鸚鵡・舎利・迦陵頻伽という鳥を簡単に見てみます。

白鵠は鶴に似た水鳥ということで日本の白鳥がイメージされています。純白の姿は清らかさを表すのでしょう。孔雀と鸚鵡は日本でもよく見る鳥です。孔雀は美しい姿もさることながら、猛毒のヘビを食らうといわれ、仏の力を連想します。

また鸚鵡は人の言葉をまねてしゃべりますし、舎利はインドのサーリーという原語をそのまま写した鳥で、九官鳥のようにやはり人の言葉をしゃべるといわれます。法を説く鳥ということが暗示されているのでしょう。これらは実際にこの世にいる鳥たちですが、次の迦陵頻伽と共命の鳥は極楽浄土に住む鳥です。

共命の鳥の運命

迦陵頻伽は上半身が人で下半身が鳥の姿といいます。殻の中にいる時から鳴きだすとされ、「迦陵頻伽のように」と形容されるように、その声は非常に美しく、聞いて飽きることない仏の声を表しています。そして、共命の鳥が出てきます。共命鳥は体が一つで頭が二つあるという鳥です。一つの体に二つの頭があるというのは、二つの人格があるのに同じ運命を担っているということです。一方が死ねば、もう一方も死ぬのです。「阿弥陀経」で説かれるこの鳥は、「昼夜六時（4時間ごと）に和雅の音を出す」とあり、違うまま溶け合っているのです。能力も性格も違うのでしょうから、その声はいわばハーモニー、ハモッているのでしょう。

ところが、この共命鳥、地球上ではこんなことが記されています。「雑宝蔵経《ぞうほうぞうきょう》」というお経にある話です。共命の鳥の一つの頭の方はすばしっこく、おいしい木の実をいつも先に食べます。まずいものしか食べられないもう一方の頭は、日ごろの恨みが高じて利発な頭の相棒に、おいしそうに見える毒の木の実を食べさせるのです。

毒に苦しむ相棒を見て、「やったぜ、ざまみろ」と思った次の瞬間、自分にも毒がまわり苦しみながら共に死んでしまうのです。他を傷つけることは自らを害することであり、他をいたわることが自らを大事にすることなのです。身近な夫婦の関係から国と国、地球規模の問題まで、違う者同士が共存していける道を考える喫緊《きっきん》の課題が提起されています。

阿弥陀仏はどこに住む

さて、この地上の共命の鳥と違って、極楽の鳥たちは常に快い柔らかな声で鳴きながら、「五根・五力・七菩提分・八聖道分、かくのごときらの法を演暢《えんちょう》す」と続きます。鳥たちが仏の教えを説いていると続きます。

「五根・五力・七菩提分・八聖道分」と専門用語が続きますが、煩悩をおさえて悟りの智慧を完成させていく修行の方法や、そこから得る力のことをいい、七菩提分も悟りへの実践すべき細やかな項目といえばいいでしょう。また、八聖道分は八正道のこと、正しい生き方をする八つの道のこと、それを鳥たちが説いているということです。

そして、「その土の衆生、この音を聞きをはりて、みなことごとく仏を念じ、法を念じ、僧を念ず」と結ばれます。鳥たちの声（説法）を聞き終わると、浄土の人々は皆、仏・法・僧の三宝を敬い念じるようになると結ばれます。

ここで終わっていいのですが、面白いことが付け加えてあります。それは、「舎利弗、なんぢこの鳥は実にこれ罪報の所生なりと謂ふことなかれ。ゆゑはいかん。かの仏国土には三悪趣なければなり。舎利弗、その仏国土にはなほ三悪道の名すらなし。いかにいはんや実《じつ》あらんや」と。

仏教では鳥を含む動物は、畜生とされています。畜生は傍生《ぼうしょう》（傍《かたわ》らに生きる）ものとされ、人間の家畜やペットとして、何かに依存しなければ生きることができないものとして、三悪趣（地獄・

餓鬼・畜生）に趣《おもむ》く境遇にあるものとされます。浄土には本来、三悪趣の境遇にあるものはいないわけですが、それどころか三悪道という「名」、言葉すらないといわれます。言葉にないものが存在するわけはないのであると念が押されています。

存在しないものを言葉に表現することはできるでしょうが、言葉にできないものが存在するということはありえないということです。言葉が存在を成り立たせるのであって、存在が言葉を成り立たせるのではありません。

「言葉は存在の住処《すみか》である」と言ったのはハイデガーでしたが、ナモアミダブツという言葉と阿弥陀仏の存在との関係も同じです。阿弥陀仏はナモアミダブツという言葉のなかに住むのです。言葉の方が重くリアリティーをもっているということです。

ではそうすると、畜生でない極楽の鳥は一体何者なのかということになります。「このもろもろの鳥は、みなこれ阿弥陀仏、法音を宣流《せんる》せしめんと欲して、変化《へんげ》してなしたまふところなり」とあります。

すなわち、阿弥陀仏が法を説くために鳥の姿、鳴き声になって変身しておられるのだといわれます。私たちの地球上において、鳥のさえずりが心地よいものであるように、浄土の生活においても、鳥のさえずりはそれ以上の意味をもっていたということなのでしょう。

（２０２３・４放送）

第16話

そよ風吹きて

さて、いよいよ「阿弥陀経」前半の結びです。極楽浄土に吹いている、そよ風の光景です。

「舎利弗、かの仏国土には、微風《みふう》吹きて、もろもろの宝行樹《ほうごうじゅ》および宝羅網《ほうらもう》を動かすに、微妙《みみょう》の音を出す。たとへば百千種の楽を同時にともになすがごとし。この音を聞くもの、みな自然に仏を念じ、法を念じ、僧を念ずるの心を生ず。舎利弗、その仏国土には、かくのごときの功徳荘厳を成就せり。」

訳します。舎利弗よ、かの仏の国では、そよ風が吹いて、さまざまな宝の木々や木にかかる宝の鈴を動かし、心地よい音色をたてている。まるで百千種もの音が一緒に音楽を奏でるようで、その音色を聞く者は皆、仏を念じ法を念じ、そこに集う人たちを念ずるのである。舎利弗よ、この仏の国では、このようなすぐれた働きと美しさが完成されているのです。

そよ風が吹く所、何ものにも執らわれない世界が思われてきます。念仏の篤信者、妙好人と呼ばれた浅原才市は、「ふくふくと　胸に吹く風　弥陀の国から　吹いてくる風　胸に当たるぞ　そよそよと　おもしろや」とうたっていました。「ふくふくと」ですから春風のように温かく気持がいいのでしょう。

そよそよと気持のいい風とは、浄土から吹いて来るナモアミダブツの呼び声です。その風はいろいろなものに執着している思いを吹き払い、大きな世界を私に開くものでしょう。それによって、今まで気づかなかったことが気づかされてきたりして、だから「おもしろや」なのです。

仏法を聞くことには気づきと発見がありますから、基本的におもしろいことなのです。ですから、お寺には笑いがあり、うなずきがあり、誰もイバルことのない、ともに凡夫であるという楽しいところであるということが大切だと思います。

死後の世界なのか

さて、今まで浄土の荘厳《しょうごん》（飾り）をずっと見てきました。まず、極楽世界には宝の木々があり、その木に掛かる宝飾があり、七宝の池や蓮華や楼閣があり、音楽が流れ黄金の大地が光り美しい花が降り、いろいろな鳥が歌い、そよ風が吹いていました。

これらはすべて私たちの娑婆世界にあるものを基にして語られていますが、それらは私たちの世界にあるものとは全く違った形で表現されていました。この世と正反対の極楽世界とは、この世の濁った世界に住む私たちの眼からいえば、金銀瑠璃の宝石でできた妙な世界のように映りますが、仏さまの智慧の眼から見たら光り輝く世界なのです。

このような仏を中心とした理想的な世界を私たちの現実の生活のなかに実現させたい、そう願って働いている世界が極楽浄土です。ですから、死んでから理想的な素晴らしい極楽に行くことが目的ではない。また後生の安楽のための結構な世界が説かれているのではないということです。

極楽世界の様々な描写やその国の人々の生活を、親鸞さまは「方便化土《ほうべんけど》」の姿だとされましたが、具体的に表現された極楽世界の生活に向けて、私たちの現実を少しでもそれに近づけていくべきであり、現実の私たちの生き方に対する〝たしなみ〟が方便化土に示されていると受け止めたいと思います。

「彼」という世界

以上で「阿弥陀経」前半の極楽浄土のありさまの描写が終わりますが、最後に阿弥陀仏のこと、極楽浄土のこと、これを言うときに「彼の土・彼の国・彼の仏」という「彼《か》の」という字が16か所に使われていることに注目しておきたいと思います。「彼」(かれ・ひ)という字は私たちの世界を超えたビヨンドの世界であるということです。

極楽はこの世の延長ではなく、この世と隔絶した「彼の国」です。仮に自分の人生を矢印の横線で書いてみて、やがてやってくる死ということの横線上の先に浄土をイメージするなら、そこは極楽浄土ではありません。

そこはこの世の延長線上に続く「あの世」です。流転輪廻を重ねる死後の「冥界」といわれる暗い世界に行って、生きている人から幸せを祈ってもらわねばならない「ご冥福をお祈りします」といわれる世界になってきます。草葉の陰のような「あの世」は、仏教の世界観ではありません。では、浄土をどこにイメージすればいいでしょうか。「極楽は常住《じょうじゅう》の国なり」（「御文章」）といわれるように永遠なる世界でした。永遠なる世界とはこの世を超えた世界です。彼岸といわれるように、この世を超えた「彼」の世界、あの世ではなく彼の世、彼の世界、ビヨンドの世界です。

この世は煩悩うずまく娑婆世界、「欲もおほく、いかり、はらだち、そねみ、ねたむこころおほくひまなくして」（「一念多念証文」）という迷いの世界です。それを超えた浄土は「法身の光輪きはもなく　世の盲冥《もうみょう》をてらすなり」（「浄土和讃」）といわれる光の世界であり、この世の迷いの闇を照らす世界です。

永遠なる常住の世界ですから、いずれ私もお参りすることになる世界ですが、それ以上に、いつでもどこでも誰にでも、娑婆世界に生きている者を照らしている世界です。どう照らすのか。「今現在説法《こんげんざいせっぽう》」といわれたように、ナモアミダブツの呼び声となって働いています。呼び声に励まされ、浄土に向けて日々新たに生まれて往くこと、そのように歩んでいく進行形の人生、これが念仏者の道に他なりません。

（2023・5放送）

第17話

光明無量

「阿弥陀経」の、いよいよ後半に入ります。前半は浄土の荘厳《しょうごん》、極楽世界はどのように飾られてあるかが述べられていました。私たちの娑婆世界とは全く違った金・銀・瑠璃・玻瓈《はり》など、七宝に輝く思いもよらない世界でした。私たちの世界と似ているなら、この世の常識や価値観を延長しただけの意味のない世界になります。

隔絶した正反対の世界だからこそ、この世とは違っていることの意味を尋ねなければなりませんでした。方便仮土として飾られた極楽の環境を、どこまでイメージすることができたか、充分ではありませんが、これからの後半部分は極楽におられる阿弥陀仏のことなどついて語られます。

まず、お釈迦さまが問いかけられます。「舎利弗、なんぢが意においていかん。かの仏をなんがゆゑぞ阿弥陀と号する。」極楽浄土の仏さまをなぜ阿弥陀と名づけるのか、と舎利弗の考えを引き出すような言葉から始まります。しかし、智慧第一とされる舎利弗は沈黙しています。理屈や概念で答えるべき問いではなかったということでしょう。

お釈迦さまは単刀直入に、「舎利弗、かの仏の光明無量にして、十方の国を照らすに障礙《しょうげ》するところなし。このゆゑに号して阿弥陀とす。」すなわち、光明が量り知れなく、十方の国を照らし、そして障りがない。この三つの無量・無辺・無碍なる光の働きゆえに阿弥陀と名づけるのであると。

私は「阿弥陀経」のこの部分を読むたびに、いつも思うのです。極楽に阿弥陀仏という仏さまがおられて、光を放っておられるという意味ではない。極楽浄土から放たれている「私を覚醒する無量なる、無辺なる、無碍なる光の働き」を阿弥陀と名づけるのだと。

阿弥陀仏を主語にすれば、その存在を証明しなければなりませんが、私に働いている光として述語にすれば、阿弥陀仏を証明するものは、その光に照らされた私の煩悩具足の姿そのものになります。

良寛さんのうた

インドの天親菩薩は、阿弥陀仏のこの三つの光の働きを「帰命尽十方無碍光如来」と受け止めました。十方に障りなき光の如来に帰依し、その如来まします国を目指して歩んで往きますと宣言されました。十方世界を尽くしている無量、無辺なる光ですが、特に無碍光なる特色を称讃しておられます。

無碍光の「碍」とは妨げるという意味で、碍げられない光ということです。何ものにも碍げられない光とは、妨げるもの（煩悩）をとらえて顕わにするということです。光は妨げる私の煩悩の闇を破って智慧を開くのです。その光の働きを阿弥陀如来と名づけたのです。

良寛さんのうたに、「愚かなる身こそなかなかうれしけれ　弥陀の誓いにあうと思えば」がありました。愚かであることは、世間では悲しいことです。誰しも賢くあろう、賢く見せようとします。でも、それが愚かなふるまいであることに気づくとき、愚かなる私の姿を碍げなく照らし出す光の如来が仰がれています。愚かであることが卑下することでなく、本当の己の姿であったことを知りえた智慧の明るい体験がうたわれています。

寿命無量と十劫の始まり

さて、その次、「また舎利弗、かの仏の寿命およびその人民〔の寿命〕も無量無辺阿僧祇劫《あそうぎこう》なり。ゆゑに阿弥陀と名づく」と続きます。「無量無辺阿僧祇劫」とは数えきれない永遠なる時間ということです。極楽浄土の仏さまもその国の人々も永遠なる命を生きているということです。

阿弥陀仏もその国の人々の寿命も永遠であるということは、極楽浄土をつくろうとされた阿弥陀仏の願いが永遠なるものであったということです。その国に生まれた人々も、幸ある国をつくろうとされた如来の光明のなかに、如来の願いと一つになって永遠なる命を生きるということです。

ところがここで、「阿弥陀仏は、成仏よりこのかたいまに十劫なり」と付け加えられています。永遠なる仏であるといいながら、阿弥陀仏は仏さまになって十劫の時が過ぎているといわれます。

劫というのは時間の単位で、例えば40里四方の巨大な岩に１００年に一度舞い降りてくる天女の羽衣が、岩との摩擦によって岩がすり減っていき、その岩が完全になくなってしまう時間を一劫というのです。これが10回繰り返された年月です。それはほとんど永遠なる時間ですが、どんなに長くとも十劫の昔と言ってしまえば、論理的には永遠ではありません。

親鸞さまは「塵点《じんでん》久《く》遠劫《おんごう》よりも　ひさしき仏とみえたまふ」（「浄土和讃」）といわれましたが、「みえたまふ」とは本当はそうではないというニュアンスが前提にされているようです。つまり、今から十劫の昔だったということは、永遠なる阿弥陀仏でありながら、仏となった始まりがあるということです。

それは、いつの時か。もちろん譬えですが、人間が言葉をもち、ものを対象化し認識し優劣を比較し、煩悩を具足し苦悩するものになったその時から、空しく過ぐるものを救うべく、人間世界と切り結ぶものとなったということです。始まりという点がなければ、私たちの娑婆世界との関係を結べなくなるということになるでしょう。

十劫の昔とは永遠なる時間が、人間の歴史の中にインカネーション（受肉）した、切り結んだ時間ということです。阿弥陀仏がナモアミダブツの呼び声となって「世の盲冥をてらすなり」といった光の働きをこの世に成就した時です。その成り立ちを聞き開くのが私たちの仕事になります。

（２０２３・6放送）

第18話

漢文をどう読むか

前回の続きです。永遠なる阿弥陀仏が人間世界の歴史とかかわるようになって十劫という時間が流れました。その長き歴史のゆえに、「また舎利弗、かの仏に無量無辺の声聞《しょうもん》の弟子あり、みな阿羅漢なり。」阿弥陀仏には数えきれない直弟子がいて、すべて悟りを開いたものばかりです。また菩薩方は言うに及ばず、浄土では如来の力によって悟りを開かせる働きが完成されているのですと結ばれました。

さて、きょうのところ、「阿弥陀経」を読むときの重要なところです。お経はお釈迦さまが説かれたものを文字にまとめたものですから、もともとインドの言葉で書かれています。それを漢訳したものを私たちは読んでいるわけですが、日本人は漢文を読むときに、返り点を変えたり送り仮名を付け加えたりすることによって、漢文の意味を自由に読み解こうとします。

例えば、「心をいたし回向する」という「至心回向」という四文字があります。普通には、何かを成就するために、私が仏さまなどに念仏を回向し振り向けるということです。この「至心回向」という字を「至心に回向したまえり」とルビを振れば、私が心をいたし念仏を振り向ける行為ではなく、仏さまの方が心をいたし私に向かって大悲を振り向ける行為になってきます。意味が逆転し、如来の他力回向を示す言葉となってきます。

漢文をどう読み解くか。そこに、お経に隠れている本当の意味があるとされます。これを専門用語で「隠顕《おんけん》」といいます。隠れるという字に顕れるという字を書きます。表面にはないところに、お釈迦さまの真実が隠されているのです。これを最初に主張したのは善導大師でした。

「観無量寿経」というお経は、極楽世界を想い浮かべる観想という厳しい自力の行が勧められています（顕）が、土壇場でそれができないものには、念仏を称えることで仏に成ることができると説かれます。実は自力の修行が及ばないことを長々と示し、最後の最後に称名の念仏しかないこと（隠）へと導くことが、お釈迦さまの真意だったと読み解いたのです。

「阿弥陀経」の隠顕

これと同じように「阿弥陀経」にも隠顕がある、本当のお釈迦さまの真意は隠されたところにあると、親鸞さまは読み解かれたのです。少し煩瑣になるかもしれませんが、「阿弥陀経」が立体的になる大事なポイントがこれからでてきます。まず次の言葉です。「また舎利弗、極楽国土には、衆生、生ずるものはみなこれ阿鞞跋致《あびばっち》なり。そのなかに多く一生補処《いっしょうふしょ》（の菩薩）あり。その数ははだ多し」というところです。

「阿鞞跋致」とはインドの言葉で「不退」退かないという意味で、間違いなく仏になる道から退かないということ。それは、正しく仏になると定まった仲間という意味で「正定聚《しょうじょうじゅ》」ともいいます。また、「一生補処」とはこの一生を過ぎれば仏の候補者になるという意味で、お釈迦さまの後継ぎとしてこの世に出られる弥勒菩薩のような菩薩のことを指します。

そこで、この「不退・正定聚・一生補処」の在りよう（位・地位）を〝いつ〟得ることができるのかということになります。正しく仏になると定まり、弥勒菩薩のような菩薩として間違いなく仏になる身となるのは、浄土に往生したときのこと、すなわち私が死んで浄土に往った時のことなのか、それとも生きている今の時のことをいうのかということです。

表面的に無理なく読めば、浄土に至ってからのことだと、多くの人は考えたのです。ところが、親鸞さまは〝今この世において〟間違いなく仏となる身に定まったものが、やがて仏になるのだと押さえられました。

「衆生生者」（衆生、生ずるものは）と読む文言を、「かの国の衆生と、もしまさに生まれんものは」（「如来会」）と、この娑婆の出来事として読んだり、また「かの国に生れんとするものは、みなことごとく正定の聚に住す」（「一念多念証文」）と読んだりして、浄土に往ってから仏となることが決まるのではなく、浄土に生まれる前に、生きている〝今〟、仏になるという確信を獲るのだといわれました。

仏と〝同じ〟と〝等し〟

ですから「阿弥陀経」のこの部分を親鸞聖人に習って訳すなら、「念仏をいただき、やがて極楽浄土に生まれ往く身と正しく定まった者は、仏に成る道から退くことなく、そのなかには弥勒菩薩のような悟りの智慧の一端に触れるものも数多くいるのである」という意味になると思います。

これを、煩悩を抱えた私が弥勒菩薩と同じだなんて、思い上がりも甚だしい、もっと謙虚にならねばという気持は大切だと思いますが、しかしむしろ念仏をいただく者には仏に成るという確信が得られ、前向きな積極的な世界が開かれてくるという教えにこそ、目を向けるべきだと思います。

間違いなく仏さまに成る道を歩むものとは、新興宗教の教祖のように仏さまと同じになったということではありません。仏さまの悟り「妙覚《みょうかく》」と等しい「等覚《とうかく》」という智慧を得るのだとされます。仏さまと〝同じ〟と〝等し〟との間には距離があります。仏に向けて自らを振り返る、かえって謙虚な歩みが始まるということです。

仏さまになるとは如来大悲と一体になって働くものになることです（妙覚）。それは浄土に往生した死後のことです。肉体がある限り何をしでかすか分かりません。今は如来大悲を仰ぐものです。仰ぐところに如来の智慧の一端に触れるのです。これが「等覚」です。そこに今まで気づかなかった世界が広がり、深い立体的な歩みが始まるという積極性が生まれてくるのです。

（2023・7放送）

第19話

等覚とは複眼の眼

前回の復習です。「念仏をいただき、やがて極楽浄土に生まれ往く身と正しく定まった者は、仏に成る道から退くことなく、そのなかには弥勒菩薩のような悟りの智慧の一端に触れるものも数多くいるのです」と述べられ、「不退・正定聚・一生補処」ということは、浄土に往ってから実現されるのではなく、念仏をいただいている今現在のことだと押さえられました。

一言でいえば、あの世の幸せを祈るのが仏教ではなく、生きている今、私と仏の世界は密接に結ばれているということを強調されたかったのです。親鸞さまは「正定聚の人は如来とひとしとも申すなり。浄土の真実信心の人は、この身こそあさましき不浄造悪の身なれども、心はすでに如来とひとしと申すこともあるべし」（「御消息」）といわれました。

それは、如来の念仏を正しくいただいた人は、煩悩を抱えてはいるけれど、「等覚」仏さまの悟りの智慧の一端に触れるのだといえばいいと思います。わかりやすく言えば、複眼の眼を持つことだと私は思います。複眼の眼とは、自分を中心にしない眼です。複眼の眼をもつことは私自身が相対化され、もう一つの世界が開かれてくるということです。

自分中心の娑婆の眼から、それを超えたもう一つの、いわば浄土を中心とする眼をたまわることによって、今まで見えなかったもの、気づかなかったことに気づくという深くて豊かな世界観、優しく他を思いやる心が開かれてきます。複眼の眼は仏の悟りの智慧に近づいていく眼ではないかと思います。

倶に一処で会う

さて、きょうのところです。「舎利弗、衆生聞かんもの、まさに発願してかの国に生ぜんと願ふべし。ゆゑはいかん。かくのごときの諸上善人とともに一処に会《え》することを得ればなり。」つまり、極楽浄土の優れた荘厳（飾り）のいわれを聞くならば、まさに願いを起こして、かの国に生まれんと願えと勧められます。なぜならば、浄土に住む優れた人たちと「倶会一処《くえいっしょ》」、ともに一つのところ（浄土）で会うことができるからであると。

浄土真宗では墓石には「南無阿弥陀仏」と書きますが、「倶会一処」と書かれたものも時に見ます。「阿弥陀経」のここの文句より取ったもので、ともに浄土で会おうという思いが伝わってくる表記です。

そこで思うことは漢詩、于武陵《うぶりょう》の「勸酒《かんしゅ》」という詩です。井伏鱒二のよく知られた名訳は、「この杯《さかずき》を受けてくれ　どうぞなみなみつがしておくれ　花に嵐のたとえもあるぞ　さよならだけが人生だ」でした。

受け取りはいろいろでしょう。今この時がすべてだ、一期一会、とことん語り合おうという別れを惜しむ気持がうたわれているわけですが、人生とは結局さよならだけなのでしょうか。さよならだけで終わってしまうのが人生なのでしょうか。

親鸞さまがお弟子にあてた手紙のなかに、この私は、いまはすっかり年をとってしまい、あなたに先立って往生するでしょうから、「浄土にてかならずかならずまちまゐらせ候ふべし」(「御消息」)と書いておられます。

「かならずかならず」と繰り返されているところに、今度は如来大悲のもとで別れることのない出会いが待っているのだと、おっしゃっているのでしょう。まさに、「倶会一処」という世界です。「人はまた会うために、別れるのです」と言った人がありました。親鸞さまの手紙の言葉と重なってきます。人は皆、いのちが通い合う本当の出会いを求めながら生きているということです。それが「倶会一処」です。

いのちが通い合う出会い

マザーテレサに「最も悲惨な貧困とは孤独 loneliness である」という言葉がありました。孤独の「孤」は孤児の弧で、親から見捨てられた児、「独」は独居老人というように、子から見捨てられた親という意味でした。無縁社会といわれるように、孤独死が日常的になりました。

源信僧都の「往生要集」には、地獄の住人は「われいま帰するところなくして、孤独にして同伴なし」と叫んでいる。もしこのような心貧しきものを見るならば、「まさに極楽に生じて、孤独の類を利楽せんと願ふべし」と説かれます。極楽浄土に生まれ仏になるということは、孤独なるものを心地よく楽しませんものになろうとすることであるといわれます。

逆に言えば、人間の最も深い苦悩は孤独ということであり、それを助けることが人間にとって最も尊い仕事といえるのです。仕事の仲間や、遊びや飲み友達はそれなりにいても、命の果てまで同伴するものはいないものです。同じ問題を抱えながら、同じ方向を向いて心を一つにして歩んでいく朋《とも》がいれば、どんなに幸せなことでしょう。

よく弔辞で、先だった親しき友に、「俺も後から行くから待っていてくれ」と呼びかけたり、あるいは運命の「赤い糸」で結ばれたと思う二人には、「極楽の蓮の上で半座を開けて待っている」という世界が共有されていました。心を通い合わせ一緒になれるという世界が、未来において信じられていたのです。

極楽浄土の優れた人たち、諸上善人のことを聞くならば、「まさに発願してかの国に生ぜんと願ふべし」といわれるその理由は、浄土というのはともに心を一つにする朋（友）に出会うことができる、そのような世界である。それゆえに、「倶会一処」という願いをもちながら、人と人との関係を大切にしながら日々歩んでいけと言われているのです。

（２０２３・８放送）

第20話

自力の少善根では無理

「倶会一処《くえいっしょ》」（ともに一処に会う）の話をしていました。この世では最後には別れが待っています。人と人とが本当に心を通い合わせ永遠に一緒になれる世界とは、未来の彼の世界、彼岸の仏の世界に生まれて往くことを共に信ずることによって実現されるということでした。では、彼岸の世界、極楽に生まれて往くには、どんなことが要求されるのでしょうか。

それは、自分の悪いところを改めたり、自力の善行を積んでも共に一処になれることはない。極楽は私の心がけが届くような世界ではない。各人の「少善根」では無理であり、共々に同じ如来の大いなる心をいただくことによって可能である。「舎利弗、少善根福徳の因縁をもつてかの国に生ずることを得べからず」といわれ、如来の力、他力が暗示されています。

「倶会一処」ということは、如来の大善根、念仏の大いなる力によって実現されるのであり、良かれと思ってする自力の善行や忠告など、相手を傷つけるだけかもしれません。ともに如来の大いなる心をいただいく、その先に「倶会一処」の未来が開かれてくるということになるでしょう。

親鸞さま独自の解釈

さて、その次、いよいよ「阿弥陀経」の〝隠顕《おんけん》〟、親鸞さま独自の解釈が発揮される大事なところです。「舎利弗、もし善男子・善女人ありて、阿弥陀仏を説くを聞きて、名号を執持すること、もしは一日、もしは二日、もしは三日、もしは四日、もしは五日、もしは六日、もしは七日、一心にして乱れざれば、その人、命終のときに臨みて、阿弥陀仏、もろもろの聖衆と現じてその前にましまさん。この人、終らん時、心顛倒せずして、すなはち阿弥陀仏の極楽国土に往生することを得」というところです。

表面的に説かれていることは、「別時念仏」といって期間を定めて、その間ひたすら念仏を唱える行に励むことが勧められています。もしは一日、もしは二日という表現は、もし一日中、もしくは二日中、一週間中ということで、悪い心を起こさずにその〝期間〟一心に念仏する者には、その人が命終えん時、阿弥陀さまがお迎えに来られ極楽浄土に生まれることができるのだといわれます。

ところが、そんな奇特なことができない私たちです。一日中どころか一時間も、一心不乱になって念仏を唱えることができません。ですから「もしは一日、もしは二日」の「もし」という表現は期間のことでなく、思い立って一日でも二日でも、いや半日でも、一遍でもいい、ふと念仏を称えることができれば、〝日にちや数の多少にとらわれない〟という表現だと押さえられました。なぜなら、念仏は人間の自力の行ではなかったからです。

そして、「一心不乱」（一心にして乱れざれば）ということも、一生懸命に心を集中させて念仏を唱えるという自力の意味ではなく、私を仏さまの世界に迎えんとする阿弥陀仏の本願のいわれや呼び声を聞いて、二心《ふたごころ》なく（一心に）疑うことなくいただく〝信ずる〟ならば、極楽浄土に生まれることができるという意味だと押さえられました。

私が念仏を唱えるという「行」の仏教ではなく、如来の行である念仏のまことをいただく「信」の仏教が、親鸞さまによって新しく確立されたのです。

臨終来迎を待たず

さらに、来迎ということについても、独自の解釈をされました。紅葉で名高い永観堂の「山越阿弥陀図」は極楽浄土からゆっくりと山を越えて、臨終の人のところへ迎えにくるさまが描かれ、知恩院にある来迎図は通称「早来迎《はやらいごう》」呼ばれ、立って雲に乗って、亡くならんとする人のもとに駆け付けるという来迎図です。まさに命終えんとする人にとって、阿弥陀如来の来迎はとても心強いものだったでしょう。

しかし、臨終に際し、正念に住し（乱れのないしっかりした心で）仏を念ずることはなかなかできないことです。「死の縁無量なり。病にをかされて死するものあり、剣にあたりて死するものあり、水におぼれて死するものあり、火に焼けて死するものあり」、（覚如「執持鈔」）また寝たままで死することも、酒に酔って死するものもある。そんなときは、こころ転倒し妄念・妄心の乱れ以外に何もないのが私たち凡夫の姿です。

臨終に阿弥陀さまが来迎し極楽に導いてくださるというのは、親鸞さまにとって重要なことではありませんでした。なぜなら阿弥陀如来はナモアミダブツの呼び声となって、いつも私に来てくださっています。念仏申すその時に、「念仏申さんとおもひたつこころのおこるとき、すなはち」(「歎異抄」)いつでも来迎して coming near してくださっているからでした。

臨終に際し弥陀に頼んで念仏しても、間に合わないのです。「信心の定まるとき往生また定まるなり。来迎の儀則をまたず」(「御消息」)と述べ、如来のまことの心を得たときに往生が定まるのであるから、臨終来迎を期待する必要はないと言い切られました。臨終に来迎を期待するのは、信心が定まっていない証拠であるともいえるでしょう。

それゆえ、極楽は死んでからの世界ではなく、来迎も死ぬ時の話ではなく、常に仏・菩薩のはたらきに護られているということが来迎の本意なのです。生きている今、大慈大悲に励まされながら、仏の世界に生まれて往くような生き方をしていこう。往生とは仏の世界に向けて生きる方向が見いだされたものが、その歩みを完成させていくという、まさに歩みです。

そして、舎利弗よ、私(お釈迦さま)はこのように仏の名を称えることの深いよろこびを見出し説いたのである。ぜひとも極楽浄土に生れたいと願うがよいと結ばれました。

(2023・9放送)

第21話

六方段の繰り返し

さて、後半の重要なところ「六方段」に入ります。六方とは四方八方という方向の四方に上下を加えた世界のことをいいます。この東西南北上下というあらゆる世界にましします諸仏方が、阿弥陀仏のナモアミダブツの呼び声をほめ讃えておられるというところです。

私はこの「阿弥陀経」を何十年にわたって読んできましたから、同じ言葉が繰り返される六方段は丸暗記していました。こんな感じです。「各於其國 出廣長舌相 偏覆三千大千世界〜」、これが長々と6回も繰り返されるのです。何故なのかと、長い間疑問に思ってきました。一言でいえば、複雑な大事なことが述べられているからだと言えましょう。

訳してみます。「六方のありとあらゆる世界には、ガンジス河の砂の数ほどの諸仏方がおられ、それぞれ自分の国において大きな口を開き、三千大千世界の隅々にわたって、阿弥陀仏の功徳が真実であることを説いて、こうおっしゃっている。〈あなた達よ、我々（諸仏）がほめたたえている阿弥陀仏の呼び声をいただき信じてほしい。これは、すべての諸仏によろこばれ護られるという法門（経）なのである〉と。（「書き下し・聞思訳」※注21頁参）

私たちはこの諸仏方がほめ讃えておられる阿弥陀仏の呼び声（念仏）を信じ、いただかねばならない。このことにうなずけるものを、諸仏方はよろこび念仏申すものを護るのであると言われるのです。

阿弥陀仏と諸仏と私の関係

ずいぶん、複雑な話になってきますが、この部分の阿弥陀仏と諸仏と私との関係を、主語をはっきりさせながら整理してみます。まず①阿弥陀仏はナモアミダブツの名となり声となって、私たちの煩悩の根源である言葉による執らわれ、損か得か、苦か楽か、美しいか醜いかなど、我執の執らわれを破って豊かな幸ある世界（浄土）を開かんとします。

比較の煩悩に一喜一憂する私たちの日常語を目覚めさせるのは、仏さまの言葉ナモアミダブツの呼び声です。ナモアミダブツには、そのような力がありました。このナモアミダブツの呼び声を、もろもろの諸仏方に、ほめ讃えられるものになろうと誓われたのが阿弥陀仏でした。（第17願）

私たちには阿弥陀仏の力を、純粋にほめ讃えて念仏することができません。私たちの念仏は、およそ損せず楽しく美しく幸せにといった自分の願いを満たすだけで終わります。阿弥陀仏の呼び声に、ナモアミダブツと応答でき称讃できるのは六方にまします無量の仏さまたちなのです。ですから、②阿弥陀仏をほめ讃えて念仏の行をしているのは諸仏方なのです。

そこで③私たちです。私たちの仕事は、念仏を一生懸命唱えることにあるのではなく、純粋な仏の心をもちえないという自覚のゆえに、諸仏方が讃えておられる念仏のまことを信じいただくところにあります。「阿弥陀経」の表面（顕）に説かれていたのは、私たちが一心にひたすら念仏を唱えて仏の世界に生まれて往こうという自力の念仏が勧められていました。しかし、本当はそうではなく（隠）、念仏という行が私たちに要求されるのではなく、諸仏方がほめ讃えておられる念仏の力を信じ、そこに開かれてくる如来のまことの心をいただくところにあるのです。

①阿弥陀仏のナモアミダブツの呼び声を②諸仏方が称讃し応答して念仏を称えている。③その世界を信じいただいて、私も念仏するという構造です。念仏の「行」は諸仏にあり、念仏の「信」が私たちの仕事です。念仏することは人間の仕事ではなく、仏さまの仕事です。念仏は私が仏を呼ぶ声である前に、仏さまが私を呼ぶ声です。私の口から出る念仏は如来への応答です。

この念仏の信によって私に如来のまことの心（信心）が開かれてきて、「不退・正定聚・一生補処」とも、また「如来とひとし・諸仏とひとし」ともいわれる位に召されるのです。仏を念ずるものは仏であり、仏と成るのは仏の心（信心）です。その仏の真の心が念仏申す私に発起して、そのときに諸仏方に護られ、諸仏の仲間入りをさせてもらうことになるといわれたのです。

長い舌を出して

次にまた、極楽浄土や念仏の力のすばらしさを六方の諸仏方は、三千大千世界を覆うほどの長い舌を出して、ほめ讃えておられるといわれます。何か化け物みたいな表現で驚きますが、日本では舌を出すといえばアッカンベーという、そんなことは知らんという、さげすむ仕草です。

しかし、舌っ足らずといえば、もの言いがはっきりしないこと。また言葉数が足りず、十分に言い尽くせていないことを意味し、長い舌とは十分に言い尽くし、その声はどこまでも届く説法であるということになるのでしょう。さらには、矛盾したことを言う、嘘をつくという二枚舌という言葉があり、舌を出すということは、舌は二枚でない、嘘がないということ、諸仏方が阿弥陀仏をほめることに嘘がないということを意味しています。

そしてもう一つ、「三千大千世界」です。天文学的な世界で、果てしない大宇宙と考えればいいのですが、私は仮にこんなイメージでとらえています。神々の住居もある巨大な山である須弥山を月と太陽が回っているという地球のような惑星を思い浮かべ、それが1000集まった世界を小千世界といい、その小千世界が1000集まった世界を中千世界、さらに中千世界が1000集まった世界が大千世界ということで、1000の3乗、1000×1000×1000で地球のような惑星が10億あるような世界になります。

ガンジス河の砂の数ほどの諸仏方が、大きな長い舌を出し、10億もある惑星の隅々にわたって、称名念仏しておられます。とてつもない念仏の大宇宙のなかに私がいるというスケールが語られているのではないかと思います。

（2023・10放送）

第22話

六方段・東方

東西南北上下の六方にましまます仏たちが、阿弥陀仏の呼び声ナモアミダブツを讃え、如来のまことの心をいただけと、私たちに勧めてくださっているところでした。信心とは如来のまことの心でしたから、私たちが起こす個人的な信仰心ではありません。ある意味客観的なのが他力の信心ですから、六方段はそれを諸仏方が証明するという意味にもなります。

まず、東方、東におられる諸仏方から始まります。東から始まるのは、日出ずる始まりの方向からということでしょう。日本では物を見るとき東西南北という順になりますが、広大なインド・中国では東南西北という順になり、ぐるりを見まわすという感じで物を見るのかもしれません。

その本文です。「舎利弗 如我今者 讃歎阿弥陀佛 不可思議功徳 東方亦有 阿閦鞞佛 須弥相佛～」と、次々に仏さまの名が出てきますが、若い時に分からなかったことがあります。東から最初に諸仏方の存在が語られるのに、なぜ「東方亦有」（東方にまた）と言われるのだろうかということです。

普通なら文章は、東方には○○という仏さまがおられ、「また」次の南方には××という仏さまがおられるというふうに、「亦《また》」という字は東方の後の部分、南方につけねばならないのに、最初に挙げられる東方に「亦」を付けるのはおかしいのではないかと思っていました。

その疑問は解けました。すなわち、この西方極楽浄土の「阿弥陀経」のお話をしているお釈迦さまは、極楽の対岸の東の娑婆世界に居て説法されていることになります。極楽は西方にあるとされますから、その極楽の門（入口）は東にあることになるでしょう。

極楽の東の娑婆世界にいて、お釈迦さまは説法しておられる。そして、それと同じ東の方向の世界には、私（釈迦）のほかに「また」次のような仏さまたちがおられるという、そんな表現なのです。「亦」は東の方角に掛かる言葉ではなく、お釈迦さまと同じ諸仏方に掛かる言葉なのでした。

阿閦鞞仏と光明皇后

さて、六方段に次々に出てくる仏さまの名前は、特別意味があるように思えませんから、気になる仏さまだけを取り上げてみたいと思います。まず、東方世界では最初に出てくるのが阿閦鞞仏《あしゅくびぶつ》です。阿閦仏のことです。

阿閦仏については、日本最初の仏教通史「元亨釈書《げんこうしゃくしょ》」にある有名な話が思い起こされます。夫の聖武天皇に東大寺を建立させた光明皇后は、功徳《くどく》を積んだ満足感に浸っていました。そんな夕べ、「后《きさき》、誇ることなかれ」という仏の声を聞くのです。

すぐに皇后は、「温室を建て貴賎をして浴を取らしめ、千人の垢《あか》を去《のぞ》かん」と誓います。そして、「既にして九百九十九人を竟《お》へたまふ。最後に一人あり、偏體疥癩《へんたいかいらい》にして臭気、室に充つ。」

皇后は浴室を建て、貴賤の上下なく千人の人の体を清めようとしたのです。ところが、千人目にハンセン病の患者を迎えることになったのです。皇后はどうしたか。「后、瘡《かさ》を吸ひ膿《うみ》を吐きて、頂《あたま》より踵《きびす》に至るまで」献身的に介抱します。

その「時に病人、大光明を放って告げて曰く、后、阿閦仏の垢をのぞく」と。病人とは皇后の心をためす阿閦仏の化身だったのです。この説話は皇后の仏心の顕彰にありますが、すでに奈良時代からハンセン病が簡単に感染する病ではないことが認識されていました。実際に患者は社会の周辺での存在が認められていました。

ところが、明治時代に入り政府による隔離政策が始まり、軍国主義による民族の優生思想によって、恐ろしい伝染病というイメージがつくられていきます。らい菌の感染力は非常に弱く、しかも特効薬のプロミンで治る病気になったにもかかわらず、人権を無視した差別的な強制隔離は戦後も長く続いたことは、ご承知のことだと思います。

1番バッター・阿閦仏

思わずハンセン病の話になってしまいましたが、光明皇后の病人の「瘡《かさ》を吸ひ膿《うみ》を吐きて」という行為は、まさに仏さまにしかできない行為でしょう。阿閦仏の梵名は、アクショーブヤといい、「揺れ動かない者」という意味で、煩悩に屈しない堅固な決意をもった仏さまということでありました。

それは1000人の人の体を清めようとした皇后のゆるぎない決意を試すにふさわしい仏であったといえるかもしれません。さらに、もっと違った見方をすれば、相手のゆるぎない決意を試すことが阿閦仏の仕事の一つとするなら、まさにナモアミダブツの呼び声になって人々を救わんとされた阿弥陀仏の誓願の真実を試し、その素晴らしさを真っ先に讃える仏となったのが阿閦仏だったといえるかもしれません。諸仏方の1番バッターにふさわしい仏さまだったといえるかもしれません。

東方には他に、「須弥相仏・大須弥仏・須弥光仏・妙音仏」と出てきます。「須弥」は須弥山を指します。世界の中心にそびえる最高の山、そのような立派なお姿の仏さまということでしょう。また、光は智慧、音は説法（音声《おんじょう》）を意味しますから、須弥光仏は智慧優れた仏、妙音仏は説法巧みな仏さまということになるでしょう。このような仏さまたちから、阿弥陀仏の呼び声がほめ讃えられているのが東方の世界です。

六方におられる諸仏方が念仏されている。その世界を信じいただき私も念仏申すとき、諸仏の世界に参入させてもらうことになるということが、くり返し述べられているところが六方段です。

（2023・11放送）

第23話

六方段・南方世界

阿弥陀仏の功徳をほめ讃える六方におられる諸仏方、きょうは次の南方世界です。「舎利弗よ、南方の世界には、日月灯仏・名聞光仏・大焔肩仏・須弥灯仏・無量精進仏、かくのごときらの恒河沙数の諸仏ましまして」と、後は同じ文句で「如是等　恒河沙數諸佛　各於其國　出廣長舌相　徧覆三千大千世界 說誠實言～」と続きます。

ガンジス河の砂の数ほどの諸仏方が、極楽浄土のすばらしさを説き、称名念仏しておられる。この諸仏方に護られている法門（経）を信じなさい。信じいただくことができれば、あなた達は諸仏の仲間入りとされ、諸仏によって護られるということになるという意味が繰り返されます。

その南方の諸仏方には、明るい光がイメージされています。日月灯仏は昼の太陽、夜の月、家の灯りということでしょう。日夜絶えることなく照らしてくださる智慧の光の仏さまです。名聞光仏という仏さまの「光を聞く」という表現も、如来のナモアミダブツの名号の光で気づきを与える仏さまという意味でしょう。

これらの仏さまたちが阿弥陀仏のナモアミダブツの名号の力を称讃しています。どうかあなた達も阿弥陀仏のまことの心をいただくようにと東西南北上下、六方の仏さまが勧めておられるところです。

西方の無量寿仏と阿弥陀仏

東からぐるっと右回りで、南の次は西方、西の世界の諸仏方です。「舎利弗、西方の世界に、無量寿仏・無量相仏・無量幢仏～、かくのごときらの」と続きます。無量寿仏・無量相仏・無量幢仏と、「無量」と名の付く仏さまがおられる西方は、無量なる永遠な世界であることが示唆されています。そこで、昔から大きな問題があります。私には大した問題ではないのですが、やはり整理しておきます。

それはここに出てくる西方の諸仏である無量寿仏とは、永遠なる阿弥陀仏と同じ仏のことなのかということです。「阿弥陀経」を訳した鳩摩羅什は阿弥陀仏と無量寿仏を区別して訳して表記しています。阿弥陀仏の功徳を讃える諸仏として、あえて無量寿仏と言い換えているようですが、インドの原典はともに同じアミターユス（無量寿）になっています。

つまり、阿弥陀仏と西方世界の無量寿仏が同じだとしたら、自画自賛のことになってしまいます。阿弥陀仏があたかも自分と同じ無量寿仏から、自分が成就したナモアミダブツの功徳がほめられているということになるでしょう。これでは、うぬぼれのようになってしまいます。

では、意識的に区別した鳩摩羅什に従って、阿弥陀仏と西方の無量寿仏は違う存在だとすれば一件落着で、それでもいいと思うのですが、そもそも阿弥陀仏の浄土は西方とされてきましたから、その阿弥陀仏の浄土のなかに、無量寿仏もいるということになるのでしょうか。

親鸞さまの和讃に「無礙光仏のひかりには　無数の阿弥陀ましまして。化仏おのおのことごとく真実信心をまもるなり」があります。阿弥陀仏の光のなかには私たちを救うために、様々の形になって表れた化仏がおられる。阿弥陀仏の分身ともいえる数えきれない諸仏たちが、まことの信心を得た人を護ってくださっているという和讃です。

すると、こんな感じのことがイメージされてこないでしょうか。西方の無量寿仏は阿弥陀仏の化仏、つまり分身、というより子供のような存在なのではないか。つまり、子が親の素晴らしいナモアミダブツの呼び声をほめ讃えている。そう考えれば特別不自然なことではないように思います。

しかし、これ以上考えていくと、日が暮れてしまいそうですから、後は皆さまにお任せして、次の北方の世界に移ります。

北方と上下の世界

「舎利弗、北方の世界に、焔肩仏《えんけんぶつ》・最勝音仏・難沮仏《なんそぶつ》・日生仏」などがおられる。それぞれの字からも想像されるように、焔肩仏の焔は炎《ほのお》という意味、肩から炎を吹き出し、不浄な煩悩を焼き尽くす仏。最勝音仏、あらゆる人に届く優れた説法をする仏、難沮仏は何ものにも打ち負かされない仏、日生仏は世の暗がりを破る太陽のような仏です。

次に「舎利弗、下方の世界に、師子仏・名聞仏・名光仏〜」などがおられる。師子仏は「説法獅《し》子吼《く》」といわれるように、獣編の付く獅子のことで、百獣の王といわれるライオンに似た動物を指し、獅子が吠えるように説法する仏さまです。様々な獣たちが吠えていても、ひとたび獅子が吠えれば静かになります。師子仏はそんな力をもった仏さまですが、浄土の仏さまですから獣編を取った師匠の師の字が当てられています。

ちょうど、東京雑司ヶ谷の鬼子母神や恐れ入り谷の鬼子母神の「鬼《き》」という字には、一画目の「ノ」(テン)がありません。鬼子母は人の子供をさらって食べる夜叉でしたが、お釈迦さまに自分の子を隠され、心を入れ替え仏法の守護神、安産・子育ての神となりました。それゆえ、鬼ではないと、鬼という字の上の角(テン・つの)をとった字になっています。師子仏に獣編が省かれているのも同じ理由だと思います。

さて、最後は上方世界、たくさんの仏さまが出てきますが、香上仏と香光仏について。香上仏は仏の優れた教えがお香のようにどこまでも漂っていくという表現でしょう。そして、香光という仏、如来の光は智慧の象徴でした。香道では香りを聞く、聞香という作法もありました。お香の優れた香りは如来の智慧に導くものであると味わってもいいのでしょう。以上で、六方段を終わりにいたします。

(2023・12放送)

第24話

「阿弥陀経」の正式名称

六方段が終わって、お釈迦さまは再び舎利弗に向かって、「なんぢが意においていかん。なんがゆゑぞ名づけて一切諸仏に護念せらるる経とするや。」舎利弗よ、どう思うか。私が説いていることの教えを、「一切諸仏所護念経」（一切の諸仏に護られている法門）だという意味が分かるかと尋ねておられます。「於汝意云何」（どう思うか）という言葉は、前にもありましたが、これから大事なことが確認されるという表現です。

「阿弥陀経」の正式名称は、六方段に繰り返し出てきたように「称讃不可思議功徳　一切諸仏所護念経」という長い名前でした。ここでは「称讃不可思議功徳」という言葉がカットされていますが、「阿弥陀経」は、まずナモアミダブツの呼び声にまでなってはたらいている阿弥陀如来の不可思議な力を、諸仏方がほめ讃えておられることを説く法門であること。そして、その念仏の世界をいただき信じ念仏申す私たちを、諸仏方が護ってくださっているという題名の付いたお経だったということです。

そして、お釈迦さまは述べられます。舎利弗よ、もし善き人たちが、諸仏方がほめておられる阿弥陀仏の呼び声と、それを記したこの法門の名を聞くならば、これらの人は皆、すべての諸仏方に護られることになり、この上ない悟り（阿耨多羅三藐三菩提《あのくたらさんみゃくさんぼだい》）に向かう道から退くことはないのである。だから、舎利弗よ、あなた達は私の説く教えと諸仏方が説かれるところを信じ受け入れてほしいのだと。

この上ない悟り「阿耨多羅三藐三菩提」の境地（証）に入って、仏さまと同じ大悲の活動をするものになるのは、仏となった未来のことです。しかし、如来の誓願を信ずる真実信心の定まるとき、この世に於いて十方恒沙の諸仏方が護ってくださっているのだと親鸞さまは押さえられました。

「安楽浄土へ往生してのちは、まもりたまふと申すことにては候はず。娑婆世界に居たるほど護念すとは申すことなり。信心まことなる人のこころを、十方恒沙の如来のほめたまへば、仏とひとしとは申すことなり」（「御消息」）といわれ、そこには悟りの智慧に触れた確信があります。

諸仏方にとっては、やがて同じ仏の世界に生まれてきて、同じ仕事に参加してくれる信心まことなる人がいれば、嬉しいに違いないことでしょう。だから、その人たちをよろこび護りたもうのです。

本当の現世利益とは

それは、親鸞さまの「現世利益和讃《げんぜりやくわさん》」などで歌われる境地と同じで、和讃には「南無阿弥陀仏をとなふれば　この世の利益きはもなし」、「炎魔法王尊敬《そんきょう》す」「十方無量の諸仏は　百重千重囲繞《いにょう》し

て　よろこびまもりたまふなり」などと「まもるなり」という言葉が繰り返し出てきます。これは、念仏を称えたらこんなご利益があるという話ではなく、如来のまことの心を仰ぎ念仏申す人には、こんな世界が開かれてくるという意味です。

親鸞さまの教えの一つに神祇《じんぎ》不拝（神を拝まない）という姿勢がありました。天地の神々に私たちの欲望や願望、例えば商売繁盛や病気平癒や家内安全など、功利的な思いを押し付けてはいけない。神に身勝手な祈願をする前に、逆に神々や菩薩方が仏さまの心をいただいた念仏者を尊敬し、護っていてくださるのだといわれました。（冥衆護持《みょうしゅうごじ》の益《やく》）

神仏に祈願して何かが満たされることが、現世利益のように考えられていますが、それは神を大切にしているようでありながら、実は見返りの方を大切にしている。神より自分の方を大切にしているということであり、かえって神々の恵みや働きを粗末にすることになる。親鸞さまの神祇不拝の教えは、神を貶《おとし》めるものではなく、かえって粗末にしないという教えでした。本当の現世の利益とは、もっと精神的なものであったでしょう。

坂村真民さんの詩

仏教詩人といわれた坂村真民さんにこんな詩がありました。全身関節炎で十年以上寝たきりだった清家直子さんという人が、ある日〝なにかわたしにでも　できることはないか〟と考えたのです。

「彼女は天啓のように　点字のことを思いつき　新聞社に問うてみた　新聞社からわたしの名を知らされ　それから交友が始まった　彼女は左手の親指が少しきくだけ　そこで点筆をくりつけてもらい　一点一点打っていった　それから人差し指が少しきき出し　右手の指もいくらかづつ動くようになり　くくりつけなくても字が書けるようになり　一冊一冊と点訳書ができあがり　今では百冊を越える立派な点字本が　光を失った人たちに光を与えている　〜〜　年中光の射さない部屋に　一人寝ていた彼女に　手紙が来るようになり　訪ねてくる人ができ　寝返りさえできなかったのに　ベッドに起きあがれるようになり　あつたかい日はころころころがって　座敷まで出ることができるようになり　ある日わたしが訪ねた折りなどは　日の当たるところでお母さんに　髪を洗ってもらっていた　どんな小さなことでもいい　〝なにかわたしにでも　できることはないか〟と　一億の人がみなそう考え　十億の人がみなそう思い奉仕をしたら　地球はもっともっと美しくなるだろう　片隅に光る清家直子さん！」（「自選　坂村真民詩集」より）

諸仏に護られるという利益は、こんなことではないでしょうか。自分中心の棚ボタ式のご利益とは全く違った、大いなるものにハッと気づかされるという促《うなが》しであり、そこに人と人との新しい関係が開かれてきたり、また大きな喜びが恵まれてくるということではなかったでしょうか。

（2024・1放送）

第25話

お釈迦さま個人の思いではなく

「阿弥陀経」のお話も終わりに近づいてきました。お釈迦さまは舎利弗に向かって、「諸仏方がほめ讃えておられるナモアミダブツの呼び声や、そのことを説いたこの経典のことを聞くならば、あらゆる仏たちに護られて、やがて阿弥陀如来の大悲の働きに加わるものとなるのである。だから、あなた達は私の説くことと諸仏方が讃嘆しておられる世界を信じ受け入れてほしいのである」といわれます。

さらに、「このことが理解でき、阿弥陀仏の極楽浄土に生まれたいと思った人は、すでに生まれているし、今また生まれたいと願った人はまさに生まれんとしているし、あるいはこれから願うものもすべて浄土に生まれて往くことになるであろう。だから、信あるものは是非、仏になる道を歩み、如来大悲の働きのなかに生きるものになってほしい」とお釈迦さまは重ねて説かれました。

そしてそれは、お釈迦さまの個人的な思いではなく、「舎利弗、われいま諸仏の不可思議の功徳を称讃するがごとく、かの諸仏等もまた、わが不可思議の功徳を称説して、この言《ごん》をなさく」と続きます。

阿弥陀仏の名号をほめ讃えて念仏している諸仏方を、お釈迦さまがほめ讃えて念仏されている。

それと同じように、諸仏方もお釈迦さまをほめておられるとあります。お互いに讃嘆しあって、私たちに念仏を勧めておられるのです。

五濁悪世の時代認識

諸仏方が言われます。「釈迦牟尼仏、よく甚難希有の事をなして、よく娑婆国土の五濁悪世、劫濁・見濁・煩悩濁・衆生濁・命濁のなかにおいて、阿耨多羅三藐三菩提を得て、もろもろの衆生のために、この一切世間難信の法を説きたまふ」と。

諸仏方がお釈迦さまに対して、「甚難希有の事」はなはだ難しく誰も得ることができない悟りの智慧をもって、五濁に汚れた人々のために、信ずることの難しい念仏の教えを、よくぞ説いてくださったものだと、ほめておられるのです。

お釈迦さまも諸仏方も共々に、私たちに念仏を勧めておられるのです。それは五濁の世の中において、念仏の教えほど信じがたいものはないからです。五濁とは、劫濁・見濁・煩悩濁・衆生濁・命濁をいいますが、まず濁った世ということです。清らかに澄んでいない世の中という認識です。

劫濁の劫は時間の単位ですが、時が流れていけば水が濁ってくるように、以下の見濁・煩悩濁・衆生濁・命濁という汚れが盛んになって、この世が乱れ悪くなってくるという時代認識です。

見濁の見は意見・考え・思想という意味で、自分のことしか考えない狭くて浅い考えがはびこるということ。煩悩濁とは貪り・瞋《いか》り・愚痴の三毒の煩悩などが盛んになること。衆生濁とは人間の質そのものが低下すること。命濁は人間の寿命が短くなることをいいますが、平均寿命は延びたのに、人の中身や根性はますます小さくなってくるということでしょう。

五濁悪世とはまとめれば、煩悩がいよいよ盛んになり、澄んだ眼で正しく物事を見ることができなくなった時代ということです。自分も社会も、どこか濁ってきて、はっきり分からなくなってくる。その結果、人を迷わせたり、世のなかを乱したりすることが多くなってくる。こんな難しい時代に、よくぞ念仏の教えを説かれたものだと、諸仏方がお釈迦さまを讃えておられるのです。

いつの時代でも

年を重ねていくと何となく昔はこうではなかった。ゆったりとした時間が流れ、人の心は穏やかで優しくて、お互いに助け合って生きていた、などと思ってしまいます。それは昔を懐かしむノスタルジーのようなもので、五濁悪世とは祇園精舎でこの「阿弥陀経」が説かれている2500年前の時代認識に他なりません。

つまり、世の中がどんどん変化し悪くなり、仏法に耳を傾ける人も、極楽浄土を信ずる人など、これからの時代、どこにもいなくなるように考えるかもしれませんが、そうではなくて、すでにお釈迦さまがおられた時代から、阿弥陀仏や念仏を理解する人がいなかったということです。10年前も100年前も1000年前も、私たち人間が抱える五濁の煩悩というものは何ら変わらないものだったということです。

「一宗の繁昌と申すは、人のおほくあつまり、威《い》のおほきなることにてはなく候ふ。一人なりとも、人の信をとるが、一宗の繁昌に候ふ」(『御一代記聞書』)と言われたのは蓮如上人でしたが、あまりに大勢の参詣者が訪れ、亡くなる人までも出たという吉崎御坊の賑わいでしたが、親鸞聖人の説かれたまことの信心に目覚めた人は稀だったのでしょう。

これからの時代、ますます宗教離れが広まるといわれますが、悲観することではありません。如来のまことの信に目覚める人は、一人でもいいのです。どんな時代でも念仏の教えは信じがたいものだったのです。お釈迦さまは最後に舎利弗に向かって、「まさに知るべし、われ五濁悪世においてこの難事を行じて、阿耨多羅三藐三菩提を得て、一切世間のために、この難信の法を説く。これを甚難とす」と言われます。

五濁悪世という誰も耳を傾けない、誰も信ずることのできない念仏の教えを私は説いたのである。こんな難しいことはなかった。どうか、この教えをしっかりと受け止めてほしいと述べられたのです。この締めくくりの言葉には重くて深い意味があります。それは次回に続けます。

(2024・2放送)

第26話

難信の理由

「阿弥陀経」のお話、結びの所になります。五濁の世において、お釈迦さまは「一切世間のために、この難信の法を説く。これを甚難とす」という言葉で締めくくっておられます。乱れた汚れきった世を生きるすべての人々のために、信じることが難しい念仏の教えを説いたのである。これは甚だ大変なことであったといわれています。

この結びの言葉には大きな意味があると思います。なぜ、五濁の乱れた世の中なのに、信じることが難しい教えが説かれたのか。誰でも信じることができる簡単な教えをこそ、説けばよかったのにと思ってしまいます。

それは、お釈迦さまに問題があったのではなく、私たちの側に問題があるのです。それは〝難行易信・易行難信〟ということです。すなわち難行苦行をして仏さまになっていくという道は、オーソドックスで信じやすい、分かりやすい道なのですが、ただ念仏するだけで仏さまになれるということは、簡単には信じがたいということです。仏になるにはそれなりの修「行」があってしかるべきだと私たちは考えています。

お釈迦さまの最後の言葉から、信ずることができても「行」ずることが難しい自力聖道の道と、称えることが簡単でも「信」ずることが難しい他力浄土の道が提示され、どちらを峻別するか、おのが身においてよくよく考えてみよ。称えることが簡単な「信」に立つべきではないかと私たちに提起されているのです。

自力とは最後までの煩悩の総称

称名が難信の教えだと思ってしまう、もう一つの理由は、阿弥陀仏の力が想像を絶するものであるからです。親鸞さまは「真実の信楽《しんぎょう》まことに獲ること難し。なにをもつてのゆゑに、いまし如来の加威力《かいりき》によるがゆゑなり、博く大悲広慧《こうえ》の力によるがゆゑなり」（「教行信証」）と言われました。

仏さまのまことの心をいただくという念仏は、私の積み重ねていく自力の行によって実現されるようなものではなく、如来の計り知れない働きの力によって、また広い大悲の智慧の力によって獲ることができるからであるとされました。如来の力は加威力、全くもって思い知ることのできない想定外のすさまじい力であったからだということです。

その如来の不可思議な力を〝他力〟といったのです。他力とはもちろん他人の力を当てにすることではありません。煩悩の闇を破って私を覚醒する目覚めさせる本願の力（パワー）です。そのことは頭では理解できたとしても、人間というものは自分を当てにし人をも当てにし、自分の能力・財力・腕力を当てにし、頼れるものは自分の力しかないと考えています。

これを自力といいますが、人間が生きるということは、この自力で頑張って生活しているわけですから、自己の力の限界というものを思い知ることがないうちは、私を生かしている仏さまの他力、パワーというものはなかなか理解できないのです。ですから、自力の思いが砕かれることがないなら、本願他力にふれて助かっていくことはないということです。自力とは私にまといつく最後までの煩悩の総称といっていいのです。

その意味で、なぜ五濁の時代なのに、信じることが難しい教えが説かれたのかといえば、自力を砕くという難信の教えでなければ、私たちが助かっていく道はないということなのです。簡単に信じられることは中身がないものです。あらかじめ自分の思いや都合に合致する教えなら、そこには目覚めも気づきも何もないということになるでしょう。

お釈迦さまにとっては、念仏の教えこそがすべての人が仏になれる最上の教えなのでしたが、自力の思いが激しい五濁の世においては、阿弥陀仏の他力の力など、信じ受け取ることはとても難しいといわれたのです。しかし、そうでありながら、出会うことができないはずの教えに、いま出会うことができたという喜びをもって、「阿弥陀経」が結ばれていくのです。

最後に阿修羅もいて

「仏、この経を説きたまふこと已《お》りて、舎利弗およびもろもろの比丘、一切世間の天・人・阿修羅等、仏の所説を聞きたてまつりて、歓喜し信受して、礼《らい》をなして去りにき。仏説阿弥陀経」と結ばれます。

祇園精舎でお釈迦さまの説法を聞いていた舎利弗を初め、多くの出家者が集うなか、最後に突然、阿修羅などが同席していたと出てきます。「阿修羅など」といわれるのは、地獄・餓鬼・畜生・「修羅」という、これら六道の迷い苦しみの境遇のなかにある者たちも、お釈迦さまのその会座に一緒にいたという意味なのでしょう。

地獄に趣くような人間も、貪りに明け暮れる人間（餓鬼道）も、何かに依存しなければ生きていけない人間（畜生道）も、そして戦い続けなければならない阿修羅という境遇、最も自力の思いで生きているであろう阿修羅にこそ、この他力念仏の教えを伝えたいということだったのでしょう。

念仏は十方世界に、六道の世界にも響きわたっているのでしょう。このような素晴らしい説法を祇園精舎で聞いていたすべての人々は、「歓喜信受・作礼而去《さらいにこ》」よろこびに満ち溢れ、心より信じ礼拝しその場を去ったのでありました。以上が「仏説阿弥陀経」、お釈迦さまがアミダについて語られたお経なのでありました。

この世を五濁悪世と見定め、それを超えたもう一つの純粋なる世界（浄土）を思い描くことができれば、複眼の智慧の眼が私に開かれてきます。自力が相対化されるところに開かれる世界は、どんな時代になっても、人の心を豊かにする不滅の原点だと思います。

（２０２４・３放送）

第27話

極楽と浄土の使い分け

「阿弥陀経」のお話、最後は確認と補足です。今の時代、地獄・極楽など、なんの意味があるのか。悪いことをしたら地獄に行く、善いことをすれば極楽に行くなどとは、平安時代ならまだしも、昔の人の道徳的な戒めの話にすぎないと思っている人がほとんどでしょう。

「浄土三部経」には極楽浄土の七宝などに輝く絢爛たる世界が説かれていますが、そもそもビジュアルな地獄・極楽の光景などは、私たちの親鸞聖人にはさほど重要なことではなかったかもしれません。

主著である「教行信証」で「浄土」という文字は170か所ありますが、「極楽」という文字は10か所、それも経典などからの引用が9か所で、自ら使われた「極楽」という表記は1か所のみです。また、「三帖和讃」353首の内、「浄土」という言葉は37か所に対して、「極楽」という言葉はゼロ、1か所もありません。

しかも、親鸞さまが「教行信証」で一度だけ使われた「極楽」という言葉は、「真実報土」に対する言葉ではなく「方便化土」という浄土の片隅という世界(辺地)を意味する言葉で(「化身土巻」)、私たちにも思い描くことができる仮の極楽世界として押さえられているものでした。

「浄土」という言葉からは、透き通った清らかな悟りの世界がイメージされますが、キラキラと種々に飾られている「極楽」からは、そんな世界などどこにあるかと現代の私たちが思っているように、「極楽」という言葉はあくまで方便の仮の世界だと思っておられたような気もします。

方便化土を通路にして

では、この「阿弥陀経」に説かれている極楽の描写とは何なのかということになりますが、それはインドの祇園精舎などの光景をもとに、その究極の理想世界を表現したものに違いありません。極楽とは仏がいて、法が説かれ、それを聞く人々が集まっているという理想世界なのでしょう。

しかし、その「方便化土」（極楽）は祇園精舎を延長したような、私たちが勝手に想像した世界ではなく、広大にして形なき「真実報土」が智慧なき私たちのために自己限定した世界であり、如来大悲が私たちのためにあえてビジュアルに表現した世界だと受け止めねばならないでしょう。

いったい、「こころもおよばれず、ことばもたえたり」とか「かたちもましまさず、いろもましまさず」（「唯信鈔文意」）などと親鸞さまが押さえられた究極の「真実報土」たる極楽浄土と、私たちはどう関わることができるのでしょうか。それは「方便化土」として示された世界を通路（ツール）とすることが一番でしょう。

ならば、形や姿や生活として具象化して示された「阿弥陀経」の極楽の荘厳を、仮の浄土として切り捨てるのではなく、娑婆の私たちの在りようなどと比較して、その意味を考えてみたく思ってお話してきました。

End ではなく Start

また「阿弥陀経」には表面に「顕」わされた教えの奥に「隠」れた本意があったということ。また、念仏は仏の「行」であり私の「信」であることが、親鸞さまによってはっきり押さえられたこと。私が唱える行としての念仏が大事ではなく、諸仏方が讃嘆している念仏の大宇宙のなかに、念仏申す私も招き入れられるという世界、極楽浄土に生まれ往くことは、このような世界を理解し、いただくという「信心」が根本でした。

自力の行に励むことなく、仏と私との大いなる世界の仕組み（信心）に気づかせてもらえたことは、かたじけなく有り難いことです。それに応えて如来の心にかなうことの一つでも、できればと思います。

しかし、「阿弥陀経」には極楽に生まれていく往く道筋について、いわゆる如来の「往相《おうそう》回向」が中心に説かれていました。極楽に生まれて往く道を歩むことは、やがて如来大悲と一体になって、苦悩するものと関わるものになるという如来の「還相《げんそう》回向」の働きについては、直截的には語られてはいませんでした。

極楽に生まれて何になるのでしょうか。娑婆の疲れを癒し横になって安らかに眠ることが、仏になるということでしたでしょうか。極楽とは究極の楽でした。仏とは苦悩するものを救い幸せにすることが、しんどいことではなく究極の楽とするもののことでした。今は何もできない私ですが、生きとし生けるものの悲しみを共にできるものになりたいと思います。それが仏になっていくという道であり歩みでした。

「願生彼国」と、彼の国に生まれんと願えとお釈迦さまが繰り返された極楽世界には、阿弥陀如来の「還相回向」の願いがあることを忘れてはならないと思います。浄土に生まれることは end ではなく start です。還相という尊い願いがあるからこそ、仏さまの世界に生まれて往くのだというのが、親鸞さまの教えの核心であったと私は理解しています。

最後に、浄土は彼岸の世界でした。あの世とこの世という連続する並行的な世界ではなく、「彼」岸とは beyond の世界でした。この世を我執煩悩ゆえに、迷い多き苦しみ多き濁った五濁悪世と見定め、それを超えた純粋なる世界を思い描くことができれば、複眼の眼を得ることができます。

「阿弥陀経」を読む今日的な意味は、私を中心にしない、もう一つの眼を得るところにあります。私が相対化される複眼の眼は智慧の眼です。これこそが人間を豊かにする、仏さまが持っている普遍的な眼です。まず、これを得て、日々新たなる毎日を送りたいと思います。

最後までお聞きくださり、誠にありがとうございました。（作禮称六字）

（２０２４・４放送）

あとがき

本書はFM「ラジオたかおか」（76・2MHz）で、2022年2月から24年4月までに放送された「阿弥陀経」の話に、書き下し文と拙訳現代語（聞思訳《もんしやく》）を加えたものです。

全国的にラジオの法話番組が消えていくなかで、この〝ラジオde法話〟という番組は10年続く長寿番組となっています。この放送から「歎異抄」と「正信偈」、そしてこの度「阿弥陀経」の話をまとめることができました。

思えば、今までいろいろなことがありました。帰坊して間もない頃のこと、初めてのご門徒宅でこんなことを質問されました。「若はん！　仏壇の真ん中に掛けてあるのが、シンラン・ショーニンさんですか?」と。

脇掛が九字・十字名号だったことを差し引いても、しばし呆然としたことを、今でも覚えています。それ以来、阿弥陀仏も親鸞さまも定かでない、そんな立場に立って話そうと思いました。

それから40年、間もなく後期高齢者の仲間入りをする歳になりましたが、そのあいだ最も〝おつとめ〟してきたお経は「阿弥陀経」だったでしょう。ほとんど丸暗記するほどに読めるお経なのに、軽く脇に置いてきたように思います。

「阿弥陀経」に描かれるビジュアルな極楽世界などは、平安時代の大河ドラマのようだと切り捨ててもいいのでしょうが、世界遺産（world heritage）のなかには、聖なる異界を目に見える形に表した素晴らしい建物が数多くあります。

極楽浄土に宝石で飾られた木々や輝く大地や池があったり、鳥の声や音楽が聞こえたり、すぐには理解できない世界ですが、それらは阿弥陀如来が変身したり表現したりした世界で、そこにはそう語られるべき意味があったはずです。意味もはっきり理解せずに、長い間読んできた「阿弥陀経」だったという反省のもとに、少しでも如来の本願の心を聞き開き、皆さまと共に味わってみたいと思い、ラジオのマイクに向かってきました。

越中の一住職の10分間法話を集めたものにすぎないのですが、手にとってくださり諸賢のご叱正をたまわれれば、誠に嬉しく思います。

2024年9月

土岐慶正

土岐　慶正（どき・けいしょう）

1949（昭和24）年生まれ
龍谷大学大学院修了（哲学）
浄土真宗本願寺派専福寺住職
中央仏教学院講師、高岡教区関野組長、高岡仏教協会長
などを務め、現在高岡保育園理事長
著書に『親鸞の智慧』（永田文昌堂）
『心のかたち（北日本新聞連載エッセー）』（桂書房）
『そよ風のように（富山新聞連載コラム）』（富山新聞社）
『ラジオ de 歎異抄（ラジオたかおか放送）』（富山新聞社）
『ラジオ法話 親鸞 正信偈』（永田文昌堂）ほか。

〒933-0927　富山県高岡市利屋町32
ホームページ　takaokasenpukuji.jp
（著者の法話が聞けます）

ラジオ法話　佛説阿彌陀經

令和六（二〇二四）年十一月一日　第一刷発行

著者　土岐慶正
発行者　永田唯人
印刷所　㈱図書印刷同朋舎
製本所　㈱吉田三誠堂
発行所　永田文昌堂
600-8342　京都市下京区花屋町通西洞院西入
電話（〇七五）三七一―六六五一番
ＦＡＸ（〇七五）三五一―九〇三一番

ISBN978-4-8162-6268-5 C1015